오프라인 서비스 심정지

주지환

(주)백산출판사

Prologue

멈춘 심장 위에서

Where the Heart Paused

"분명 프로페셔널하게 보이려 노력은 하는 것 같지만, 막상 어설프고 하기 싫은 일을 억지로 하는 듯한 느낌을 자주 받아요."

누적 100만 마일 이상을 비행한 한 밀리언 마일러 고객의 날카로운 한마디였다. 무심코 읽어 내린 항공여행 후기 속 문장 하나가 그날 하루 내내 나를 괴롭혔다. 마치 몰랐던 작은 상처가 어느 순간 눈에 띄고 나면 온종일 신경 쓰이는 것처럼, 그 문장은 묘하게 내 감정을 긁어댔다. 바로 내가 매일 마주하고 있는 오프라인 서비스 현장의 현실이기 때문일 것이다.

고객의 눈에 비친 서비스의 민낯은 왜 이리 낯설지가 않은가. 고객의 시선에서 오프라인 서비스 공간을 바라보면, 내 앞에 선 직원의 미소와 태도 뒤에서 진심이 느껴지지 않는 순간이 있다. 진심 없이 웃는 그 얼굴이 내게 불편한 이유는 무엇일까. 혹시 우리 모두가 이미 그 이유를 알고 있으면서 오랫동안 외면해 온 건 아닐까?

'서비스'라는 단어를 둘러싼 환상이 깨진 지는 오래됐다. 그러나 여전히 우리는 서비스의 본질을 묻지 않고, 고객의 불만과 직원의 태도를 평가하는 숫자와 매출 그래프만을 맹목적으로 믿고 있다. 그래서 나는 묻고 싶다. "서비스가 대체 뭐라고 생각하는가?"라고.

누군가는 서비스가 친절한 미소, 눈맞춤, 정중한 인사라고 답할지도 모르겠다. 하지만 고객이 등을 돌리는 순간 직원의 표정이 차갑게 변한다면, 그 서비스는 여전히 유효한가? 그럼 고객이 떠난 후에도 그 미소를 유지하는 사람은 정말 훌륭한 직원인가?

결국, 서비스의 문제는 단순히 직원의 미소나 친절함의 문제가 아니다. 이 책에서 내가 말하고자 하는 바는, 서비스가 더 이상 직원 개인의 문제나 '교육 부족'이라는 진부한 핑계로 치부될 수 없다는 점이다. 오히려 오랫동안 무관심 속에 방치되어 온 구조적인 문제이다.

고객 앞에서 억지로 웃는 직원의 표정은 "교육하겠습니다"라는 말로 덮을 수 없다. 그것은 개인의 성격이나 '요즘 세대'의 문제로 가볍게 설명될 수 없다. 구조와 조직의 문제이며, 그 문제를 방치한 우리 모두가 공범이다. 조직 내부의 무관심과 경영진의 무감

각, 그리고 고객 스스로의 이기적인 요구가 합작해 만든 위기다.

나는 15년 동안 항공업계, 학술계, 그리고 리테일 업계에서 '고객서비스'라는 하나의 영역을 지독히도 파고들어 왔다. 끊임없이 고객과 마주하며, 왜 우리는 고객 앞에서 진심을 잃어버렸는지 집요하게 질문했다. 그 긴 여정 끝에서 확실해진 게 하나 있다. 바로 "직원의 진짜 미소는 조직의 존중과 배려 속에서만 가능하다"는 점이다.

나는 이제 막 책을 펼친 당신에게 묻고 싶다. 당신의 오프라인 서비스 현장에선 직원이 진짜 미소를 지을 수 있는 조건이 갖춰져 있는가? 매출과 숫자만을 외치며 직원에게 미소를 강요하고 있진 않은가?

이 책을 읽는 당신이 현장 직원이든, 관리자든, 혹은 나와 같은 서비스 전문가든, 우리가 맞닥뜨린 문제와 본질을 함께 직시하고 고민해 줄 수 있다면, 그동안 내가 던진 질문과 고민은 결코 헛되지 않을 것이다. 이 책의 목적은 문제를 지적하는 데 있지 않다. 우리가 놓친 본질적 이유를 정확히 짚고, 다시 시작할 작은 숨을 불어넣기 위함이다.

누군가에게는 이 책의 메시지가 마치 자신의 치부를 들킨 것처럼 불편하게 다가올 수도 있다. 또 다른 누군가는 업계가 처한 현실을 뼈아프게 인정하며, 이제는 변화를 모색해야 한다는 압박감을 느낄지도 모른다. 같은 현실을 마주하고도 서로 다른 반응이 나오는 이유는, 우리가 어떤 현장에서, 어떤 역할로, 어떤 경험을 지나 왔는지에 따라 그 현실을 해석하는 방식이 다르기 때문이다.

결국 이 책의 메시지는 나 스스로에게 던진 질문이자, 업계 전체가 더 이상 미룰 수 없는 구조적 질문이다.

"서비스의 심장은 이미 멈췄다." 이 문장이 불편하게 느껴진다면, 오히려 이 책을 계속 읽어야 하는 이유가 된다. 여기서 시작된 우리의 대화는, 이미 죽은 서비스의 심장에 다시 뜨거운 피를 돌게 할 수 있는 방법을 찾기 위한 여정이 될 것이다.

당신은 마음의 준비가 되었는가?

이제 진짜 이야기를 시작해 보자.

VIP 소비 트렌드와 컴플레인 응대

Contents

PART III 데이터가 말하는 진실

PART IV 구조적 솔루션 설계와 미래 로드맵: 다섯 개의 축

A Guide to Nuanced Reading

읽는 결을 위한 언어 가이드

고객 경험이 가장 치열하게 움직이는 오프라인 서비스 현장을 정밀하고 깊이 있게 읽어내기 위해, 이 책에서 사용한 주요 용어를 산업군과 역할별로 구분했다.

1. 업계 구분(Industry Classification)

- **호스피탈리티(Hospitality)**
  호텔, 리조트, 항공사, 레스토랑 등 환대와 경험을 중심으로 서비스를 제공하는 산업군
- **리테일(Retail)**
  백화점, 쇼핑몰, 대형마트 등 오프라인 공간에서 상품과 서비스를 직접 제공하는 소매 유통 산업
- **개별 브랜드 매장(Brand Store)**
  플래그십스토어, 로드숍 등 특정 브랜드의 정체성과 철학을 집약적으로 보여주는 독립적이고 독창적인 오프라인 매장

• **오프라인 서비스 기업(Offline Service Enterprise)**
앞서 나열된 모든 산업군을 포괄하는 개념으로, 실제 오프라인 공간에서 고객의 경험을 설계하고 구현하는 모든 조직

2. 역할과 직무 구분(Role & Job Classification)

• **현장 직원**
: 접점 직원, 고객 응대 직원, 최전선 직원(Frontline Staff)
오프라인 공간에서 고객을 직접 마주하고 응대하는 직무자

• **현장 관리자**
: 현장 사무직, 서비스 외 직무자, 백오피스 직원(Back-office Staff)
오프라인 서비스 현장에서 고객을 직접 응대하지는 않지만, 현장 운영을 위한 행정·기획·지원 업무를 맡아 고객과 접점 직원 사이에 있는 모든 직무자

• **서비스 직무자(Service Team Members)**
고객서비스를 위해 본사와 현장을 포함해, 응대부터 기획과 행정까지 서비스의 전 과정에 직간접적으로 영향을 미치는 모든 직무의 직원을 총칭하는 표현

• **본사 근무자**
: 본사 관리직, 사무, 본사 직원(Corporate Staff)
오프라인 서비스 공간을 운영하는 기업에서 전략, 기획, 지원 등의 업무를 담당하며, 비즈니스가 원활히 작동할 수 있도록 하는 조직 구성원

- **업계 종사자**

  : 오프라인 서비스 기업 종사자(Offline Service Industry Professionals)
  오프라인 서비스가 필요한 다양한 업계에서, 직급이나 역할에 관계없이 이 시장에 속한 모든 사람을 폭넓게 지칭

3. 서비스 구성 분류(Service Composition)

- **인적서비스(Human Service)**

  고객과의 직접적이고 감정적인 상호작용을 통해 공간의 경험을 완성하는 서비스(예: 맞춤형 안내, 환대, 진정성 있는 소통 등 '사람'을 통한 서비스 요소)

- **물리적 서비스(Physical Service)**

  고객이 경험하는 공간의 물리적 환경과 시스템, 시설 상태, 청결도, 동선, 혜택과 제도 등 눈에 보이고 몸으로 느껴지는 서비스의 모든 요소

이 책은 하나의 용어를 강박적으로 일관되게 사용하기보다는, 각 장과 사례의 맥락에 따라 산업과 역할을 자유롭게 넘나들며 유연하게 혼용했다. 이는 지난 15년간, 글로벌 브랜드 교육으로 시작해 국내외 항공사의 객실 승무원과 리테일 현장 및 본사, 그리고 여행·호텔·관광학을 연구하는 학계를 넘나들며 쌓아온 저자의 독자적 시선과 예민한 문제의식을 있는 그대로 생생히 전달하기 위한 의도적 선택이다.
물론 이 과정에서 몇몇 용어가 독자에게 다소 낯설거나 모호하게 느껴질

수도 있지만,각 문장과 사례의 흐름 속에서 자연스럽게 이해할 수 있도록 충분히 배려하여 구성했다.

결국, 이 모든 언어적 구분과 선택은 이 책을 읽는 독자들이 문장 하나하나, 사례 하나하나를 더욱 정밀히 이해하고, 현장의 리듬과 결을 생생하게 느낄 수 있도록 돕기 위한 결정이었음을 밝혀둔다.

PART I

문제는 태도가 아니라 구조다

1장

균열은 아래에서 시작되지 않는다

숨겨야 할 만큼의 부를 아직 축적해 보지 못했기에 정확히는 알 수 없지만, 오래전부터 럭셔리 시장에서 가장 주목하는 초고액 자산가HNWI, High Net Worth Individuals의 소비 행태를 살펴보면, 부가 쌓일수록 그것을 과시하기보다는 오히려 숨기려는 경향이 있다는 것을 알 수 있다. 이 흐름은 이미 대중적인 시장까지 영향을 미쳤고, 부를 은근하게 드러내는 것조차 트렌드가 된, 이른바 콰이어트 럭셔리Quiet Luxury 같은 키워드가 하나의 상식이 되어버렸다. 적어도 이 흐름은 잠깐의 유행으로 끝날 것 같지는 않다.

럭셔리 시장에서 최근 몇 년간 높은 성장률을 보인 브랜드는 루이비통이나 로에베가 속한 LVMH 그룹이 아니라 에르메스였다는 점이 흥미롭다(에르메스는 전년 대비 21%, LVMH의 패션 · 레더굿 부문은 14% 성장). 로고를 드러내지 않아도 '진짜'를 아는 사람이 선택한다는 프레임이 실제 데이터로도 증명되었고, 메종 마르지엘라, 더 로우, 브루넬로 쿠치넬리, 로로피아나와 같은 브랜드들의 성장세 역시 두드러졌다.

물론 지금의 시장은 콰이어트 럭셔리를 외치지만, 결국 누군가는 그것을 알아봐 주기를 바라는 이중적 욕망이 존재한다는 점에서, 지금의 리테일 소비자는 모순적이고 날카로운 양가성을 지닌 것도 부정할 수 없지만. 어쨌든 이러한 흐름 속에서 한 명품 브랜드, B매장을 찾았다. 늘 그렇듯 대기열을 관리하는 매장은 쾌적했다. 벨벳 같지만 데님 소재로 만든 셋업을 피팅하고 거울 앞에 섰을 때, 두 명의 직원이 동시에 무릎을 꿇고 바지 밑단을 정리해 주고 있었다. 그 순간 거울 속 풍경을 보며 문득 이런 생각이 들었다.

'480만 원. 이 셋업의 가격이 아니라, 거울 속 저 장면, 두 사람의 무릎이 480만 원이구나.'

물론 숫자 자체는 중요하지 않다. 내가 그 매장을 찾았던 이유는 제품보다 유독 이 매장에서 칭찬과 불만이 팽팽히 공존했기 때문이다.

나는 출근하면 고객의 소리VOC를 가장 먼저 읽으려 한다. 백화점 본사에서 이루어지는 수많은 직무 중, 현장 직원의 서비스를 진단하고 개선점을 찾기 위한 교육을 담당하다 보니 현장 방문 일수가 많은 편이지만, 전국 수십 개 점포의 고객을 매일 만나기는 어렵기에 VOC는 더욱 중요하다. 고객의 목소리를 단순히 민원 정도로만 접근하면 금세 흥미를 잃겠지만, 찬찬히 들여다보면 고객이 어떤 기대를 하고 있었는지, 무엇이 그렇게 서운한지 명확히 알 수 있다. 개개의 직원들이 어떤 태도와 방식으로 문제를 풀려고 하는지도 선명하게 드러난다.

B사 매장 역시 마찬가지였다. 칭찬과 불만이 팽팽히 공존했다. 나는 두 직원의 응대로 만족했지만, 바로 전날 '무시당했다'는 고객의 불만이 올라왔다. 이 차이는 단순히 고객의 기대치 때문일까? 아니면 흔히 명품 브랜드 직원에게 무심히 내뱉는 "자기들이 무슨 명품이라도 된 줄 안다"는 비판처럼 직원들의 자의식 과잉 때문일까?

집에 돌아와 다시 생각해 보니, 그 직원이 특별해서가 아니라 그 응대를 가능하게 만든 '구조적 조건'이 분명 있었음을 확신하게 됐다. 고객서비스라는 한 영역에서 15년간 현장과 본사 양쪽 입장을 수없이 오가며 부딪히고 깨지는 경험을 반복한 덕에 자연스럽게 기른 입체적 시선 때문일 것이다.

이러한 구조의 영향력은 단순한 느낌이 아니라 실제 수치로 확인했다. 공항철도 역무원을 대상으로 한 국내 연구에서는, 기존의 경직된 근무 형태를 3조 2교대나 4조 2교대 등 근무 방식 개선을 통해 직원들의 직무만족도가 유의미하게 향상되었고(한국철도학회, 2017), 이는 간접적으로 고객서비스 품질에도 긍정적 영향을 미칠 수 있다는 결과를 제시했다. 또한, 베트남 레스토랑 연구에서도 직원 만족이 고객 충성도로 이어진다는 구조적 인과가 밝혀졌다 Duong & Nguyen, 2025. 미국 웨그먼스 사례도 직원 만족을 우선시한 전략이 서비스 품질을 높인다는 사실을 증명한다.

최근 내가 직접 경험한 사례도 있다. 베이글로 유명한 브랜드 L사가 백화점 입점을 앞두고 나에게 교육을 의뢰했다. 처음엔 일반적인 입점 교육 정도로 생각했지만, 시간이 갈수록 브랜드의 서비스 철학과 고객 평가를 깊게 이해해야겠다고 느껴 매장을 직접 찾았다. 실제 매장에서 느낀 직원들의 에너지는 대단했다. 고객이 많을수록 직원을 더 늘리는 그들의 철학 덕분에 직원들은 놀라울 정도로 밝고 능숙하게 고객을 맞이했다. 대기 안내, 홀 정리, 계산, 제조 등 각자 맡은 역할에만 철저히 집중하는 구조 덕분에, 매장의 전체적인 리듬과 온도가 안정적으로 유지되는 것을 현장에서 바로 체감할 수 있었다. 그들이 만들어낸 자연스러운 여유와 숙련된 응대의 원동력을 내 시선에서 보자면 결국 '철저히 분업화된 구조'에 있었다. 그 구조 안에서 직원들은 본인의 역할에만 몰입했고, 분주한 와중에도 고객에게 충분한 여유와 온기를 전달하고 있었다.

이러한 현상은 백화점이나 항공사만의 문제가 아니다. 나는 플래티넘 멤버십 등급을 유지하고 있는 글로벌 호텔 체인에 속한 한 럭셔리급 호텔에서도 비슷한 일을 겪었다. 얼리 체크인이 보장되는 등급임에도 객실 정비 인력 부족으로 체크인이 1년에 두 번이나 지연된 적이 있다. 이 문제 역시 직원 개인의 태도가 아니라 인력 운영의 구조적 문제다.

프레데릭 말이 창립한 니치 퍼퓸 브랜드 '프레데릭 말Éditions de Parfums Frédéric Malle'은 조향사를 존중하고 그 가치를 최우선으로 둔다. 그는 조향사가 온전히 자신의 세계에 몰입하며 꿈을 펼칠 수 있도록 충분한 보상과 철저한 자율성을 제공하며, 창작 과정에 드는 시간과 비용을 아끼지 않는다. 물론 이 브랜드를 좋아하는 가장 큰 이유는 향이 좋기 때문이지만, 그 너머에 있는 더 중요한 이유가 있다. 바로 이 오프라인 서비스 업계에서 오래 활동한 전문가로서, 나는 사람을 진심으로 존중하고 자율성을 허락하는 환경에서만 나올 수 있는 상품의 깊이와 섬세함을 본능적으로 알아보고 체득할 수밖에 없기 때문이다. 프레데릭 말의 향이 지난 5년간 나의 매일을 채워온 이유도 바로 그 섬세한 결에 있다. 이러한 프레데릭 말의 철학은 우리가 오프라인 서비스 현장에서 직원을 대하는 방식과 정확히 연결된다. 현장 직원이 조직에서 존중받고, 충분한 자율성을 누릴 때에만 비로소 그들의 손끝에서 고객의 감정과 경험을 진정으로 어루만지는 서비스가 탄생한다. 품격 있는 서비스의 시작은 결국 조직의 태도에 달려 있다.

하지만 현실에서는 모두가 인력 문제를 알면서도 직원 개인의 태도만 문제 삼으며 "서비스 교육 좀 시켜"라는 식으로 접근한다. 정말 교육만으로 해결될 수 있는 문제인가? 서비스라는 이름으로 누군가를 대하며 진심을 다하려 했던 직원들이 결국 지쳐가는 이유는 조직이 만든 구조 때문이다.

결국 고객이 느끼는 친절함과 무례함은 '직원이 누구냐'의 문제가 아니라, 그 직원이 어떤 구조 안에 놓여 있느냐의 문제다. 인성이 좋은 사람만 뽑는다고 해결될 일이 아니라는 걸 우리 모두 알고 있다. 직원이 자부심을 가질 수 있는 구조인지, 그 자부심을 유지할 여건을 조직이 만들어주고 있는지가 핵심이다.

우리는 이제 이런 질문을 해야 한다. "왜 그 직원이 무례했는가?"가 아니라, "왜 그 직원이 무례할 수밖에 없는 상황이었는가?" 조직은 언제나 겉으론 고객 중심을 외치지만, 현장 직원이 진심을 유지할 조건을 만들어주지 않고 있다. 직원이 자부심을 갖는 구조와 여건을 조직이 만들어주고 있는지, 그것이 오프라인 서비스 기업이 진정으로 물어야 할 질문이다.

2장
미소는 돈에서 나온다

리테일 업계에서 일해본 사람이라면 익숙할 것이다. 항공사든, 호텔이든, 백화점이든, 개별 브랜드 매장이든, 오프라인 접점이 있는 기업은 정기적으로 고객 만족도 조사를 한다. 결과는 매장과 팀, 개인 단위로 나눠 점수가 찍힌다. 이 업계에 흔한 '서비스 성적표'다.

이 성적표는 단순한 평가 그 이상이다. 관리자부터 개개인의 KPI에 반영되기 때문에 현장에서는 매번 일희일비하며 민감해진다. 아이러니하게도 서비스가 '사망선고' 단계를 면하고, 그나마 '심정지 상태'라도 유지될 수 있는 이유 중 하나가 바로 이 조사 같은 감시 장치 때문이다. 그나마 이 작은 평가라도 작동하기 때문에, 서비스와 거리가 멀다고 스스로 느끼는 직원들조차 조사 기간만큼은 서비스에 신경 쓰는 모습을 보인다. 그러나 서비스의 본질을 잊은 채, 단지 평가 기간만을 위한 일회성 친절을 유도하는 이 방식 자체가 지금 우리가 반드시 짚어봐야 할 문제일지 모른다.

결론부터 말하자면, 지금의 고객 만족도 조사나 그 외 현장의 서비스를 평가하는 모든 방식은 일회성 수치에 집착하는 조직문화를 고착화시키고 있다. 조사 기간에 현장을 방문하면 단번에 알 수 있다. 백화점 점포 관리자, 특히 서비스 담당 직원들은 평소보다 분주해진다. 항공사와 호텔, 개별 브랜드 매장도 다르지 않다. 호텔에서는 고객 평가 기간이 되면 프런트부터 객실 관리까지 서비스 수준이 올라간다는 것을 실제 고객으로서 이용해 보면 즉각 체감할 수 있다. 나 역시 객실 승무원으로 일하던 시절, 매년 평가 기간의 긴장감을 뚜렷하게 기억한다. 승무원과 지상 직원 모두 평소보다 더욱 밝고 친절한 태도를 유지하도록 압박받고, 서비스 디테일 하나까지 철저히 점검하는 분위기로 긴장감이 극에 달했다.

백화점이나 쇼핑몰에 입점된 매장부터 독립된 플래그십스토어나 로드숍까지 리테일 업계 전체에서도 이 상황은 같다. 자주 방문하는 고객들은 이미 그 패턴을 알아차리고 "지금 혹시 평가 기간이에요?"라는 농담 섞인 질문을 던질 정도다. 고객의 눈에도 확연히 달라진 분위기가 느껴진다는 방증이다.

하지만 정작 그 미소를 가능하게 하는 근본적인 환경은 달라지지 않는다. 인사 여부를 묻는 체크리스트는 직원의 감정 상태나 근무 강도, 휴무 인력 부족 등 실제 현장 상황을 반영하지 못한다. 그럼에도 이 조사는 성과로 간주돼 KPI, 보너스, 승진에 반영되며 현장 직원에게 압박을 가중시킨다.

직원의 진짜 미소는 그들이 속한 조직이 고객서비스의 중요성을 진심으로 인식하고 직원에게 충분한 존중과 배려를 제공할 때만 만들어질 수 있다. 결코 감시와 지시로는 만들어질 수 없다. 그러나 우리는, 그리고 나조차 오늘도 '미소' '눈맞춤' '자세' '목소리'를 강조하는 교육을 반복하고 있다. 진심이 담긴 고객과의 감정적 연결 여부보다, '했다/안 했다'는 이분법적 기준으로만 체크되는 지금의 구조로는 결국 가짜 미소와 피로감만 양산할 뿐이다. 심지어 이런 '미소'와 같은 평가 항목은 단지 만족도 조사에서의 점수에 그치지 않고, 조직 내에서 서비스 품질을 매출 KPI의 보조 수단으로 활용하는 왜곡된 방식으로까지 이어지고 있다. 마치 이런 흐름이다. "서비스가 좋아야 매출이 오른다며?" "그러니까 조사 결과가 좋아야 되는 거 맞잖아?"

이처럼 왜곡된 논리 구조 속에서, 서비스는 고객의 경험과 감정을 섬세하게 설계하기 위한 전략이 아니라, 그저 매출과 KPI 달성을 위한 수단으로 전락했다. 이대로라면 결국 '웃어야 돈을 번다'는 피상적인 메시지만 남고, 조직도 고객도 누구도 웃지 못하는 공간만 남을 뿐이다.

수시로 스마트폰에 날아드는 문자 메시지와 메신저 앱 속 만족도 조사 링크도 마찬가지다. 대체로 기업의 만족도 조사는 브랜드의 취약점을 찾는 데 집중되어 있다.

"직원이 인사했나요?" "불쾌한 응대가 있었나요?" "존댓말을 사용했나요?"

'~나요?'의 연속. 이 방식은 고객의 없던 불만까지도 설문에 응답하기 위해 찾아내게 만든다. 이건 나만의 개인적인 '느낌'이 아니었다. 최근 심리학 연구에 따르면, 동일한 경험이라도 질문의 설계 방식에 따라 사람들은 그 경험을 완전히 다르게 재구성한다. 특히 이분법적 프레임은 실제 경험의 감정을 왜곡하고 부정적 요소만 부각시키도록 유도한다. 같은 경험조차 부정적 질문을 받으면 실제 경험도 부정적으로 재구성된다는 것을 뜻한다(Lora Pavlova, 2024).

나는 이 업계 누구보다도 시장과 고객 변화를 예민하게 감지해야 한다고 생각한다. 그래서 업무 출장이든 개인 여행이든 높은 수준의 항공 좌석과 호텔 숙소를 고집한다. 경제적 여유 때문이 아니라, 소비력이 높은 고객의 기대와 감정을 생생히 이해하고 체감하기 위한 선택이다. 내 몸에 닿고 들어가는 것은 철저히 최고여야 한다는 신념과 나의 시간 가치를 극대화하려는 기준도 있지만, 결국 이런 개인적 투자가 나의 고객지향적 감각과 전문성을 더욱 견고하게 다듬는 가장 실질적인 방식이기에 회사 출장에서도 지원 비용 이상의 개인 비용을 기꺼이 지불한다.

물론, 소비 자체를 종용하거나 찬양하려는 게 아니다. 다만 오프라인 서비스 기업에서 고객서비스의 본질을 이해하려면, 나 역시도 우리의 고객처럼 구매하는 즉시 가치가 떨어지는 소비재나, 항공권이나 호텔처럼 사용 즉시 소멸되는 호스피탈리티 서비스에

도 기꺼이 높은 가치를 두는 사람으로 살고 있어야만 가능하다는 것이다. 쿠팡이면 충분하다는 생각과 클래식 음악은 잘 몰라서 혹은 집 놔두고 호텔은 왜 가냐는 식으로 가격과 효율성을 소비의 유일한 기준으로 둔다면, 이 업계에서 고객을 다 안다고 자신할 수 없다.

소비에 대한 각자의 철학과 방식은 모두 존중받아야 한다. 모든 사람이 같은 방식으로 소비할 필요는 없다. 그러나 내가 강조하고 싶은 건, 적어도 오프라인 서비스 업계에서 고객서비스의 본질과 그 힘을 진정으로 이해하고자 한다면, 고객을 향한 적극적인 관심과 개인적인 투자를 아끼지 말아야 한다는 것이다.

이렇게 말하면 누군가는 분명 이렇게 생각할 것이다.

'왜 회사 일을 하는데 내 돈까지 써야 하지?'

맞다. 사실이다. 각자의 경제력과 소비 성향에 따라 소비방식을 정하면 그만이다. 이 업계에서 장기적인 커리어를 쌓을 계획이 아니라면, 이런 투자는 불필요할 것이다. 하지만 나는 자신 있게 단언할 수 있다. 이 투자는 결코 회사가 아니라 내 커리어와 나만의 고객 지향적 안목을 위한 투자이다. 지난 15년이 넘는 시간 동안 오직 고객서비스라는 범위 안에서만 전문가로 성장해 왔고, 앞으로도 이 분야에서 내 전문성을 더 깊이 확장할 계획이기에 나에게는 필수적인 투자다.

물론 이 같은 나의 태도는 때로는 현실을 모르는 '낭만주의자'라고 평가받기도 한다. 하지만 나는 오히려 그것을 기꺼이 감수한다. 이 업계에서만큼은 남들이 흔히 말하는 매출과 비용절감, 조직 내 인정에 밀린 현실주의적 태도와 적당히 타협한 방식이 아니라, 고객의 마음과 감정선을 철저히 읽고 진심을 다하려는 내 방식이 훨씬 현실적이고 실질적인 경쟁력이자 그 누구도 쉽게 흉내 낼 수 없는 나만의 무기라고 믿기 때문이다. 이 책을 통해 앞으로 증명하고자 하는 바도 바로 이것이다.

이런 개인적인 경험과 투자가 있었기에 다양한 기업의 성가신 만족도 조사 푸시를 자주 받는다. 그중 주로 식재료를 사러 가는 백화점이 하나 있는데, 집이 근처라 매주 들르는 이유도 있지만, 자주 가는 그 점포에서 최근 진행한 설문은 확연히 달랐다. 평범했던 경험조차 부정적으로 바꾼다고 생각한 기존의 정형화된 업계의 설문들과 달리,

"이 공간에서 어떤 감정을 느꼈나요?" "어떤 긍정적인 기억이 남았나요?" "오늘의 경험이 당신에게 어떤 영감과 자부심을 주었나요?"

이 같은 질문들이 이어졌다. 처음엔 업계 종사자이다 보니 무의식적으로 링크를 눌렀지만, 어느새 나도 모르게 유일하게 입에

달고 사는 간식인 독일 유기농 다크초콜릿 VIVANI를 사기 위해 잠깐 들렀던 그날의 평범한 경험이 '오늘 그 백화점에서 기분 좋게 힐링하고 왔네'라는 생각으로 바뀌고 있었다.

이 설문은 긍정적 감정을 '시각과 청각의 즐거움' '예술적 공간의 아름다움' '힐링' '호기심' '자부심'처럼 다채롭게 표현할 수 있도록 유도하고 있다. 그동안 '불만족–만족'이라는 이분법적 틀에서 우리가 미처 인지하지 못한 다양한 긍정적 감정의 결을 새롭게 발견할 수 있었다. 단지 질문의 방식을 바꿨을 뿐인데, 고객은 그날의 경험을 보다 풍성하게 기억하고 브랜드와의 감정적 연결을 더욱 선명하게 자각하게 된다. 실제로 Harvard Business Review의 한 보고서에 따르면, 고객 설문에서 "어떤 경험이 좋았는가"를 묻는 긍정적 설문 방식이 브랜드 충성도와 재구매 가능성을 유의미하게 높이는 것으로 나타났다(Harvard Business Review, 2017).

이 설문을 기획한 실무자의 출발점에 어떤 자극이 있었는지, 고객 심리를 분석한 연구 결과나 선진 사례를 참고했는지는 알 수 없지만, 고객이 자발적으로 긍정적인 감정을 스스로 발견하게 함과 동시에 공간의 경험을 격상시키게 하는 섬세하게 계산된 새로운 접근이 필요하다는 강력한 메시지를 업계에 던지고 있다고 생각한다. 과몰입이라고 말해도 좋다. 적어도 나는 이렇게 해석했다.

고객의 경험을 평가할 때, "불편한 점은 없었나요?" 같은 전통적인 부정적 질문 대신, "오늘 가장 좋았던 경험은 무엇이었나요?" "오늘의 경험에서 어떤 기분을 느끼셨나요?"와 같은 구체적이고 긍정적인 질문이 고객의 긍정적 기억을 훨씬 강화한다는 것이 입증된 것이다. 이를 통해 내가 분명히 느낀 것은, 오프라인 서비스 기업이 여전히 기존 방식을 크게 벗어나지 않고 루틴처럼 반복하는 만족도 조사 업무 하나만 보더라도, 모든 서비스와 그 외 모든 기업 내 전략의 출발점이 철저히 고객 지향적 관점이어야 한다는 점이다.

하지만 실제 현장은 다르다. 시장과 그 안의 고객은 어느 때보다 빠르게 변화하고 있지만, 우리의 일은 과거의 방식에서 크게 달라지지 않는다. 여전히 하던 대로 고객을 대하고, 늘 해오던 방식을 유지한 채 포장지의 색만 살짝 바꾸고도 혁신이라 착각하는 전략을 반복하기도 한다. 그러면서도 결과는 더 나아질 거라 기대한다.

이제 우리가 먼저 용기를 내어 고객에게 새로운 시도를 제안하고, 어떤 방식이 실제로 효과적이고 무엇이 고객의 마음을 진심으로 두드리는지를 직접 부딪히고 경험해 봐야만 알 수 있지 않을까? 하다못해 내가 이미 알고 있는 사람의 마음을 읽는 것도 어려운 일이 아닌가. 감정의 다양성과 깊이를 끌어낼 수 있는 질문 하나의 결을 바꾸는 것만으로도, 수천만 원의 비용을 들여 오프라인 공간의 인테리어를 바꾸거나 혜택을 늘리는 것과는 또 다른 의미에서 훨씬 효율적으로 고객의 경험을 긍정적으로 재구성할 수 있음을 보여준다.

이처럼 고객의 마음을 먼저 읽고 움직이는 전략은, 많은 비용과 시간을 투입하는 방식보다 훨씬 효과적이다. 그러나 대부분의 오프라인 서비스 기업은 여전히 기존 방식의 틀 안에서만 움직이며, 이런 새로운 접근에 소극적이다. 작은 설문 하나에서도 분명히 느낄 수 있었던 것은, 고객지향적 사고가 출발점이 될 때만이 빠르게 변화하는 시장과 고객의 욕구에 유연하고 민감하게 대응할 수 있다는 점이다. 오프라인 서비스 기업이 진정으로 혁신을 원한다면, 가장 먼저 바꿔야 할 것이 무엇인지 깊이 고민해 봐야 한다. 변화가 빠른 시장에서 지속 가능한 경쟁력을 얻으려면, 결국 고객의 감정선을 민첩하게 읽고 대응할 수 있는 유연한 사고를 조직문화로 정착시키는 것이 필수적이라는 메시지를 이제는 분명히, '다 안다'로 그치지 않고 행동해야 할 때다.

미스터리 쇼퍼나 불시 점검과 같은 시대에 뒤처진 방식도 여전히 이 업계에 존재한다. 이 방식은 1940년대에 시작된 매우 오래된 평가 방식이다. 하루가 다르게 바뀌는 이 시장에서 그 사이 고객은 이미 훨씬 똑똑해졌고, 직원의 업무를 체크리스트로 설명하기엔 너무 복잡해졌지만, 여전히 이 방식을 유지하는 기업이 많다. 현장 직원은 본사로부터 감시당한다고 느끼고, 고객 역시 반강제로 평가 조력자 역할을 떠맡게 된다. 이러한 압박 속에선 그 어떤 긍정적 변화도 기대할 수 없다. 그저 무엇을 했다는 것을 보여주기 위한 방식에 지나지 않는다.

지금 필요한 건 현장 직원 각자의 강점을 발견하고, 팀 안에서 자연스럽게 드러내 서로에게 긍정적으로 영향을 줄 수 있는 방식이다. 직원의 자발적 감정과 행동을 자극하고, 서로의 강점을 돌아보게 하는 환경이 구축되어야 한다. 지금 이 시대의 오프라인 공간에 있는 현장 직원에게 필요한 접근 방식은 바로 이런 것이 아닐까? 확신하지 않는 이유는 이 역시도 항상 새로운 시도를 통해서만 각기 다른 조직과 오프라인 공간에 어떤 방식이 맞을지를 알 수 있기 때문이다.

지금의 낡은 평가 방식은 서비스의 본질인 고객을 위한 전략적 경험 설계를 방해할 뿐이다. 고객 만족은 매출을 위한 도구로 취급되고, 직원의 태도는 점수 획득을 위한 '일시적인 행동'으로 전락한다.

이제 우리는 질문을 바꿔야 한다. "직원이 인사를 했습니까?"가 아니라, "직원이 진심으로 인사할 수 있는 구조였습니까?"로.

3장

그건 내 일이 아니도록 설계되었습니다

이번엔 당신이 오프라인 서비스 기업에 몸담고 있더라도, 휴일에 고객으로서 어디든 방문한 날을 떠올려보자. 어떤 기업의 어떤 공간이었는지는 중요하지 않다. 공간을 즐기는 여정 중 분명 자주 듣는 말이 있을 것이다.

“그건 잘 모르겠네요.” “제 담당이 아니라서요.” “저희 매장/카운터가 아니라서요.”

이런 응대와 함께 고객과 직원의 연결은 단절된다. 분명 누가 봐도 직원이지만, 고객이 기대한 서비스는 제공되지 않는다. 모두 잘 알겠지만, 오프라인 서비스 공간을 찾는 고객은 직원의 직무나 소속팀, 유니폼 차이, 고용주가 다름을 알지도, 관심도 없다. 공간 안 모든 직원은 자신에게 서비스를 제공해 주는 존재라고 믿는다.

"서비스는 제 일이 아닌데요."

이 말은 단지 책임 회피를 넘어, 오프라인 공간에서 서비스 직무자가 아닌 직원들의 근본적인 무관심과 거리를 상징적으로 드러낸다. 물론 서비스 외 직무자들의 무관심이 문제지만, 어쩌면 그들 역시 처음부터 그럴 수밖에 없도록 설계된 조직 구조 안의 피해자일지도 모른다. 조직이 오랜 시간 '매출'과 '효율'을 최우선으로 두었고, 서비스는 그 다음이라고 은연중에 믿게 만들었기 때문이다. 결국, 직원들이 고객을 가장 우선적으로 생각하기 어려운 환경이 이미 형성된 셈이다.

이러한 환경 속에서 백화점이나 쇼핑몰, 호텔, 항공사 등 오프라인 서비스 공간의 백오피스 직원들, 즉 영업팀, 시설팀, 지원팀 등에 속한 직원들은 자신이 고객을 직접 응대하는 서비스 직무자가 아니라는 경계를 명확히 인식한다. 하지만 고객의 눈에는 그저 모두 똑같은 직원일 뿐이다. 조직 내부에 이미 견고하게 세워진 이 벽을 고객은 결코 알지 못하고, 직원은 그 벽을 넘으려 하지 않는다.

더욱이 이들 대부분은 실제로 고객을 직접 응대할 준비조차 되어 있지 않다. 아니, 근본적으로 '고객 응대는 내 일이 아니다'라는 인식이 이미 깊숙이 자리 잡혀 있다. 결국 문제의 핵심은 다시 '구조'로 향하게 된다.

공항, 호텔, 백화점과 같은 오프라인 서비스 공간의 현장에서 고객을 직접 마주하는 접점 직원 외에도, 현장 뒤에서 보이지 않게 조직을 관리하고 지원하는 백오피스 관리자들의 무관심 역시 지적해야 한다. 그런데 서비스를 현장 내 문제로만 한정 짓는 건, 문제의 절반만 얘기한 셈이다. 진짜 고객 경험의 시작은 결국 본사, 즉 기업의 핵심 전략과 방향성을 수립하고 각 현장과 조직이 효율적으로 운영될 수 있도록 관리 · 지원하는 모든 부서들로부터 결정된다. 이 결정이 서비스 현장에 어떤 영향을 미치는지 제대로 이해하지 못하는 본사 직원 역시 지금의 서비스 위기라는 틀어진 구조의 핵심 공범이다.

앞서 프롤로그에서 밀리언 마일러 고객의 후기를 소개한 바 있다. 고객이 느끼는 서비스의 질과 감정적 연결은 우리가 생각하는 것보다 훨씬 더 섬세하고 예민하다. 본사 전략팀이 숫자와 데이터만으로 판단한 작은 결정 하나가 현장에서는 전혀 예상하지 못한 폭발적 반응으로 돌아오는 이유가 바로 여기에 있다.

미국의 한 항공사에서 실제 있었던 사례를 떠올려보자. 본사의 전략기획팀이 최상위 등급 고객들에게 제공되던 '동반자 무료 수하물 위탁 혜택'을 갑자기 축소한 적이 있었다. 전략팀이 매일 밤늦

게까지 엑셀을 두드리며 계산해 낸 숫자는 매력적이었다. "이탈률 2%" "ROI 5% 향상" "추가 비용 절감 효과" 같은 용어들이 보고서를 빽빽하게 채웠고, 임원진도 화려한 수치를 보고 망설이지 않고 결정을 내렸다. 분명.

그러나 이 정책이 발표된 날, 이 항공사의 SNS와 고객센터는 그야말로 폭발했다. 당장 다음 주 여행을 앞둔 고객들이 혜택 축소 소식에 항의 전화가 빗발쳤다. "내가 이 항공사에서 몇 년 동안 얼마나 충성했는데." "수하물 비용 아끼자고 이렇게 쉽게 발표했느냐"는 식의 비난이 쏟아졌다. 항의와 예약 취소까지 잇따랐고, 등급 이탈 요청이 발생했다.

본사의 엑셀 시트에선 미미한 숫자 하나로 보였던 고객 이탈률이, 실제 오프라인 서비스 공간에선 고객이 브랜드와 맺은 관계에 치명적인 균열로 나타났다.

호텔 체인들이 자주 하는 실수 중에도 로열티 프로그램의 기준을 비용 절감으로만 접근해 '숙박 횟수'에서 '지출 금액'으로 바꿨다가 충성 고객들의 강한 반발에 직면했고, 결국 정책을 철회하는 것이다. 이런 경우가 업계에서 꽤 자주 발생한다.

고객 경험 전문가 브루스 템킨Bruce Temkin은 "고객 경험을 숫자만으로 바라보는 기업은 단기적 성장은 가능할지 몰라도, 장기적으로 고객의 신뢰와 충성을 절대 얻을 수 없다"고 경고했다. 이러한 경고는 단지 호텔 업계에만 국한된 것이 아니다. 고객에게 제공되는 크고 작은 혜택이란, 단순히 금전적인 손익 계산으로만 접근할 수 없는 문제다. 오히려 브랜드가 한 명 한 명의 고객을 얼마나 특별하고 가치 있는 존재로 존중하는지 상징적으로 표현하는 관계의 언어이자 약속이 아닐까? 이는 우리가 쉽게 간과하지만 결코 가볍게 다룰 수 없는 감정적 연결이며, 철저히 그들의 입장에서 바라볼 때 '신성한 것'이라고까지 표현하고 싶다. 숫자 너머에 숨겨진 고객의 진짜 감정과 미묘한 기대심리를 읽지 못한다면, 결코 제대로 된 결정을 내릴 수 없다는 것을 반드시 기억해야 한다.

그러나 실제 오프라인 현장에선 여전히 고객의 이런 섬세한 기대와 감정적 연결이 자주 무시되곤 한다. 대표적인 예시가 최근 몇 년 사이 급증한 브랜드 팝업스토어의 모습에서 발견된다. 브랜드마다 공간 구성부터 콘텐츠 기획까지 정성을 들이지만, 정작 고객과 직접 맞닿는 직원들의 태도, 말투, 자세는 기대에 미치지 못하는 경우가 많다. 감각적인 공간에 브랜드의 제품을 놓고 이야기를 입히며, 체험 콘텐츠를 끌어와 고객의 체류를 유도하지만, 막상 고객을 응대하는 직원은 무표정과 귀찮은 태도를 장착하고 있다. 질문하면 "아,… 아마도… 잠시만요." "그쪽은 제 담당이 아니라서요"라는 답이 돌아온다. 반면, 항공사 팝업스토어의 사례를 보면, 조금 다른 접근을 발견할 수 있다.

항공사의 경우 간혹 신규 노선 취항이나 신기재 도입, 카드사와 협업한 PLCC 출시 홍보 목적으로 팝업스토어를 열 때가 있다. 팝업스토어를 운영할 때 실제 객실 승무원들이 유니폼을 입고 현장에 투입되는 경우가 잦다. 모든 항공사와 모든 승무원이 동일한 수준은 아니겠지만, 일반적으로 그들은 현장에서 적극적이고 전문적인 자세를 보이며 브랜드의 메시지를 명확히 전달한다. 공간이나 콘텐츠가 완벽하지 않아도, 방문객은 최소한의 기분 좋은 인적 서비스는 경험할 수 있다. 실제로 업계에 자부심을 느끼고 내부 구조와 환경이 잘 조성된 조직일수록 현장 직원의 업무 적극성과 생산성이 높아진다고 한다(Bitner, 1992).

공간을 꾸린 담당자가 치열하게 기획했겠지만, 고객을 직접 맞이하는 직원에 대한 준비는 대부분 부재하다. 대부분 단기 아르바이트로 채용되어 브랜드 철학과 감성을 제대로 익힐 기회가 없다. 행사 시작 전 업무 지침을 간단히 듣는 정도로 끝난다. 마케팅팀이나 MD팀은 "인력은 대행사 몫"이라며 손을 놓고, 공간과 콘텐츠에 집중한 나머지 인적서비스에 대한 고민은 하지 않는다.

팝업스토어로 얼마의 매출을 낼지 엑셀에 숫자를 채우거나, 예상 매출액을 소문내며 들뜬 직원은 많이 봤지만, 정작 그 매출을 현실로 바꿔낼 사람이 누구인지, 그 사람을 어떻게 준비시킬지는 아무도 고민하지 않는다. 결국 매출을 만드는 건 화려한 공간을 지키며, 그곳에서 고객을 직접 응대하는 직원인데 말이다.

결국 고객은 공간과 콘텐츠에는 감탄하면서도 직원의 무심한 응대에는 실망한다. 공간의 독특함과 아름다움이 아니라 고객을 마주하는 직원의 태도와 감정이 전체 경험을 좌우할 수도 있기 때문이다. 팝업스토어를 다녀온 뒤 쏟아지는 SNS 후기에서 항상 빠지지 않고 등장하는 한 줄이 바로 직원의 인적서비스에 대한 평가라는 것을 잘 알 것이다.

이 같은 현상은 백화점이나 팝업스토어만의 문제는 아니다. 개인적으로 호텔 티어를 유지 중인 국내 모 호텔 체인에서도 비슷한 경험을 자주 했다. 프런트 데스크의 직원들은 분명 숙련된 전문성과 노련한 서비스 태도를 보여주지만, 막상 부대시설을 이용하면서 도움을 요청할 때마다 돌아오는 답변은 대부분 비슷했다. "그건 프런트에 문의해 주세요." "제가 담당이 아니라 잘 모르겠네요."

이런 답변을 들을 때마다 프런트에서 느꼈던 신뢰와 전문성이 그 공간에 미처 닿지 않았음을 선명히 체감한다. 같은 호텔이라는 공간 안에서조차 서비스의 연속성과 전문성이 단절되는 것이다. 며칠 전 백화점 남성패션 브랜드 매장에서 버뮤다 팬츠를 찾다 당황스러운 답변을 들었다. "제가 패션 용어를 몰라서요. 버뮤다 팬츠가 뭔데요?" 물론 현장 직원에게 모든 전문 용어를 알라는 게 아니다. 문제는 고객의 질문에 적극적으로 응대하려는 최소한의 관심조차 없었다는 점이다. 이 직원은 패션 용어가 아니라, 서비스 자체를 특정인이나 부서의 업무로만 치부하고, 거리낌 없이 고객과 거리를 두고 있었다.

최근 글로벌 호텔의 고객 만족도 조사에서도 비슷한 결과가 있었다. 직원이 다른 부서로 책임을 넘기거나 부정적으로 응대할 경우, 고객의 재방문 의사는 현저히 떨어진다고 한다(PwC, 2018). 오프라인 서비스에서 고객 응대는 결코 특정 부서의 일이 아니다. 모든 직원이 서비스의 일부라는 인식을 지금보다 더 명확히 해야 한다는 뜻이다.

또 다른 사례를 하나 살펴보자. 한 중년 고객이 고가의 의류 환불 과정에서 "현장 직원이 저에게 소리를 질렀다"며 강하게 불쾌감을 표현한 적이 있었다. 고객의 요청으로 영업팀 현장 관리자가 통화에 나섰지만, 그는 문제를 해결하려는 적극적 태도 대신 "매장에 직접 오셔서 얘기하시죠"라는 무성의하고 무책임한 답변을 내뱉었다. 결국 서비스에 대한 기본적 훈련이나 고객 응대에 대한 최소한의 관심조차 없던 관리자의 무관심이 문제를 더 키웠고, 이를 바로잡을 조직 내 구조적 장치마저 없었으니 악순환이 반복될 수밖에 없다.

이 사례를 굳이 꺼내든 이유는, 서비스 부서가 아닌 오프라인 서비스 기업의 모든 직원이 결국엔 '서비스를 제공하는 사람'이라는 인식이 절실하기 때문이다. 고객 접점에서 가장 멀리 떨어져 있다고 여겨지는 부서 중 아무 부서나 한 곳을 떠올려보자. 예를 들어 디자인팀이 떠오르는데, 디자인 관련 팀에 있는 직원 역시 서비스에서 자유롭지 않다. 그들 역시 고객서비스의 본질을 이해해야 한다는 사실은 명확하다.

디자이너의 손끝에서 완성된 오프라인 공간은 고객이 걷고 머물며 경험하는 곳이고, 그 경험의 중심에는 고객의 감정과 기억이 있다. 최고의 공간 설계는 시각적 아름다움뿐만 아니라 고객과 직원의 감정 흐름을 섬세하게 고려할 때 완성된다. 공간 디자인에서 자주 언급하는 서비스스케이프Servicescape는 고객과 직원의 감정, 행동, 상호작용에 미치는 물리적 환경의 영향을 뜻한다(Bitner, 1992). 최근 국내 연구에서도 인테리어 쇼룸을 대상으로 공간의 서비스 환경과 청결 같은 물리적 요소들이 고객 만족도를 높이고, 재방문과 추천 의도까지 실질적으로 증가시킨다는 결과가 나왔다(이민호 등, 2023). 결국, 고객의 감정과 경험을 전략적으로 반영한 공간 설계는 고객의 마음을 움직이는 핵심적인 서비스 전략임을 알 수 있다.

디자이너는 예시일 뿐, 결국 모든 직무자가 서비스를 이해해야 하는 이유는 고객의 경험과 감정이라는 최종 목표를 향해 움직여야 하기 때문이다. 결국 디자이너뿐만 아니라 오프라인 서비스 기업을 채우는 모든 직무자가 서비스의 일부라는 명확한 인식이 있어야만 각자의 역할도 비로소 의미 있는 결과를 낼 수 있을 거라 확신한다. 적어도 이 업계에선 반드시 그래야 한다. 더 나아가 개개인의 인식 변화에서 멈추지 않고, 서비스의 본질과 책임을 조직 구성원 모두가 공유하고 내재화할 수 있는 구조적 환경과 시스템의 뒷받침이 필수적이다.

이제 우리는 "그건 제 일이 아닌데요"라는 말은 더 이상 용납해서는 안 된다. 대신 "제 담당 업무는 아니지만, 고객 문제는 제가 끝까지 책임지고 도와드릴게요"라는 말이 자연스러운 조직을 만들어야 한다. 이는 말투나 표면적 친절함만 고치라고 강요한다고 해서 가능한 일이 아니다. 이 말이 진심으로 직원의 입 밖으로 나오기 위해서는, 구성원 모두가 서비스의 본질과 고객을 향한 책임감을 명확히 이해할 때만 가능하다.

모두 "구조의 문제"라고 하지만, 구조 안에 있는 '나 자신'의 고객서비스에 대한 인식이 바뀌지 않는다면 변화는 없다. 조직과 구조는 결국 개개인의 태도와 행동이 모여 만들어진다는 것을 우린 이미 다 알고 있다. 나의 작은 변화가 없다면 조직도 제자리다. 구성원 개개인의 자발적인 각성과 실천이 없다면 진정한 변화는 불가능하다.

물론 오해하지 말자. 이건 고루한 자기계발서의 따분한 훈계가 아니다. 오프라인 서비스 업계에 발을 디딘 이상, 적어도 퇴사하기 전까지는 그래야 한다는 얘기다. 나 역시 이 업계를 떠나는 순간, 이것은 나와는 무관한 이야기가 된다.

서비스는 결국 사람에서 시작해 구조에서 완성된다. 뛰어난 개인의 태도와 노력을 담을 만한 구조가 없다면, 지속적인 균열 속에서 오프라인 공간의 서비스는 계속 고객과 단절된 채 맴돌 뿐이다.

내 직무가 무엇이든, 서비스는 '내 일이 아니다'라는 단단한 벽을 허물고, 아주 미세한 움직임이라도 '고객'이라는 공통의 중심을 향해 밀도 있게 움직일 때만 비로소 오프라인 서비스 기업의 구조가 변할 수 있다고 믿는다. 그렇게 만들어진 구조 위에서 고객이 원하는 '진짜' 오프라인 서비스가 가능해지지 않을까?

'고객서비스'는 더 이상 특정 부서를 부르는 이름 정도가 아니어야 한다. 조직을 이루는 각 개인이 매 순간 스스로에게 던져야 하는 '태도의 또 다른 이름'이자, 이 업계에 몸담는 한 결코 피할 수 없는 우리의 공통된 질문이어야 한다.

4장
"교육하겠습니다." 그 말로 덮인 것들

그럼에도 현실은 여전히 왜 직원이 인사를 하지 않았는지, 왜 고객을 비구매자로 속단해 무시했는지를 따지며 겉으로 드러난 행동만 문제 삼고 있다. 그리고 이는 현재진행형이다. 하지만 진짜 질문해야 하는 것은, 그들이 왜 인사할 수 없었는지, 진심으로 인사할 수 있는 '조건'이 과연 마련되어 있었는지다. 단지 표면적인 조건을 만드는 몫을 지닌 "회사에서 현장 직원의 처우를 개선하지 않는데, 내가 뭘 해줄 수 있겠어?"라고만 생각한다면, 지금 우리는 무너진 서비스에 대한 이 시장의 책임에서 자유로울 수 있을까?

3장에서 이미 오프라인 공간에서 서비스가 특정 부서의 전유물이 아님을 지적했지만, 현실은 여전히 제자리걸음이다. 오프라인 서비스 기업에 종사한다면 서비스 범위에 드는 업무를 하지 않더라도, 비영리 미술관조차 관람객이 없다면 존재의 의미가 없듯이, 기업의 오프라인 공간 역시 고객 없이는 존재할 이유가 없다. 결국 고객이 없다면 직원 또한 존재의 이유를 잃는다. 그러니 여전히 "서비스팀 일 아닌가?"라고 넘길 수만은 없다.

내가 항공사 승무원일 때 승무원답게 보이기 위한 노력을 했고, 전문 강사로서 강사다운 모습에 집중했던 이유 역시 같은 맥락이다. 현장 서비스의 취약점을 발견하고 개선을 위한 코칭과 교육을 개발해 온 교육 전문가로서, 나는 늘 내가 있는 업계를 깊이 이해하려고 한다. 지금은 백화점, 즉 리테일 업계에 속해 있으니, 단순히 서비스 업무만 바라보지 않는다. 리테일 시장의 흐름과 트렌드를 공부하고 몸으로 체득하려는 노력을 한다. 예를 들어 세일즈 교안을 만들어야 할 때면 현재 어떤 상품과 브랜드가 소비자에게 사랑받고 있는지 매출 데이터를 직접 확인한다. 인디 뷰티 브랜드가 뜬다는 소식을 들으면 거기서 멈추지 않고, 실제로 그 영향으로 백화점 뷰티 브랜드 매출이 줄고 있는지까지 데이터를 찾아본다.

매출은 내 직접 업무 범위를 벗어난 것처럼 보일지 모르지만, 나는 내가 속한 업태와 리테일 업계를 이해해야 제대로 된 교육과 코칭이 가능하다고 믿는다. 서비스는 내 일이라고 생각하지 않고 남의 일처럼 무심히 넘기는 태도와는 다르다. 이것이 내가 선택한 방식이다. 패션뿐만 아니라 라이프스타일, 퍼니처, 아트, 식음료 등 다양한 분야에 관심을 갖고 실제로 소비하며 고객의 입장을 체감하고 체득하려 한다. 가져봐야만 고객이 진정 원하는 것이 무엇인지, 어떤 부분에서 고객이 서운함을 느끼는지 뼈저리게 알 수 있기 때문임도 맞지만, 보다 중요한 이유는 내가 서비스 담당자로서 서비스 이외 분야의 업무를 이해하려 노력하는 것처럼, 각기 다른 직무로 일하는 사람들 역시 서비스에 대한 최소한의 관심과 이해가 반드시 필요하다는 메시지를 전하고 싶기 때문이다.

이를 명확히 전달하기 위해, 서비스 업무 외 직무자가 고객과 마주한 실제 사례를 한 번 떠올려보자. 직접 목격한 장면이기도 하다. 우선 백화점 층별 담당자를 떠올려보자. 그리고 구매한 옷의 불량 문제로 상담실을 찾은 귀가 잘 들리지 않는 노년 부부. 상담실 직원이 “구매 시점이 오래돼 심의가 필요하다”고 안내했지만 쉽게 수긍하지 못했다. 결국 해당 층의 담당자가 도착했고, 고객의 긴 하소연이 끝나기도 전에 짧은 틈을 타 이렇게 말했다. “고객님, 이런 옷은 원래 빨면 이렇게 될 수 있어요. 알고 계셔야죠.”

틀린 말은 아니다. 그러나 옷을 구매하고 착용한 고객의 ‘경험’과 그 속의 ‘감정’은 어디에도 고려되지 않았다. 그 고객은 돌아간 뒤 과연 어떤 기억을 남겼을까? ‘그래, 저 직원은 서비스 담당자가 아니니까, 서비스 업무 범위에 공식적으로 포함되지 않는 직무자니까, 친절하지 않은 건 너무나 당연한 거야.' 이렇게 이해할 수 있었을까?

낙심한 표정으로 옷을 움켜쥐고 나서는 노부부의 뒷모습을 보자니, 마음 한편에 작은 돌덩이 같은 이물질이, 상황상 당장은 벗을 수 없는 신발 속에서 발끝에 느껴지는 것처럼 한동안 불편했다.

1년에 단 한 번 방문한 고객이라 해도, 그날의 경험은 다음 선택에 분명 영향을 미친다. 특히 서비스의 작은 디테일이나 응대 태도가 얼마나 중요한지는 구체적인 데이터로도 입증된다. RingCentral 블로그에 따르면, 고객 세 명 중 한 명은 단 한 번의 무례하거나 무관심한 응대만으로도 영원히 브랜드를 떠난다고 한다("One in three consumers will walk away forever from a brand they love after just a single negative experience")(RingCentral, 2023). 이는 고객의 경험과 감정이 향후 소비 결정에 얼마나 큰 영향을 미치는지 명확히 보여준다.

이 상담실 사례는 단지 한 명의 서비스 업무 범위 외 직무자가 보여준 아쉬운 태도나 무성의한 비전문적인 응대 하나로 치부하기엔, 업계 종사자라면 너무도 익숙한 풍경일 것이다. 이러한 상황은 한 사례만의 문제가 아니다. 또 다른 사례에서도 직원이 고객의 입장과 변화를 무시한 채 자신만의 기준에 갇혀 있었음을 발견할 수 있다.

파운데이션을 바르지 않고 선크림만 쓰는 고객이 컨실러 테스트를 요청하자 직원이 말했다.

"그 방법으론 테스트 못 해드려요. 피부 상해요. 파운데이션 꼭 쓰세요."

노파데 메이크업이 늘고 있음에도 직원은 "피부에 안 좋다"며 단정 지었다. 실제로 2024 Google Trend에 따르면 노파데 관련 검색량은 전년 대비 180% 이상 증가했는데도 말이다. 그리고 이미 상황이 벌어진 뒤 직원은 "친절하게 해드렸는데 왜 화가 나셨는지 모르겠다"고 변론했다.

이 사례에서 진짜 문제는 직원의 태도나 신조어인 노파데족에 대한 정보 부족이 아니라, 자신이 아는 방식만이 정답이라고 믿는 고정된 시각이다. 고객의 경험이 다변화된 지금, 고객의 방식을 경청하기보다 자신의 기준을 고수하는 순간, 진짜 감정 손상이 일어난다. 고객은 그날, 그 공간에서 부정당한 자신의 경험을 오래 기억하게 될 것이다.

결국 매일 일어나는 이와 같은 상황에서 관리자는 "직원 교육을 강화하겠습니다"라고 답한다. 마치 모든 것을 해결하는 마법의 주문처럼 너무나 자주 쓰인다. 그러나 정말 그 교육은 진행될까? 누가, 누구에게, 어떤 방식으로 하는가?

"교육하겠습니다"라는 말이 응대의 마침표를 찍을 수 있는 방법이라 착각한다면, 그 고객이 우리 브랜드의 공간을 경험하고 돌아간 그 시간은 물거품이 된다. 존재하지도 않을 그 교육이란 말은 오히려 공허함만을 남길 것이다.

교육이란 말로 모든 걸 덮기엔 문제는 더 깊고 구조적이다. 필요한 것은 고객의 불편이 어디서 비롯되었는지를 다각도로 고민하고, 정말 개인의 교육 부족 때문인지, 구조적인 문제인지 세심하게 구분해 낼 수 있는 안목과 관심이다.

물론 일부는 이렇게 말할 수 있다. "그걸 내가 어떻게 바꿔요? 당장 태도부터 고치라고 하는 거죠." 충분히 공감한다. 하지만 '나는 서비스 담당자가 아니니까 몰라도 된다'는 이율배반적인 태도를 벗어야 한다는 게 핵심이다.

결국 고객 응대의 본질은 정보가 아니라 섬세한 시선이다. 그리고 나 역시 이 시점에서 스스로를 돌아본다. 현장을 위한 교육을 하는 나와 같은 역할을 하는 전문가들은, 변화한 고객의 언어를 들을 수 있어야 한다는 것을 조직과 직원들에게 알려야 할 책임이 크다. 서비스 전문가로서의 역할을 충분히 다하고 있는지, 현실을 제대로 전달하고 있는지 스스로에게도 묻게 된다.

그리고 더 나아가 교육에 시간과 비용을 투자하지 않고 결과만 요구하는 기업의 태도와 무관심한 조직문화 역시 반드시 바뀌어야 한다.

"교육하겠습니다"라는 말로 덮기엔, 서비스는 이미 너무 깊은 문제에 와 있다. 교육을 했는지가 아니라, 교육이 '작동'할 수 있는 구조인지, 무엇이 진짜 문제인지를 직무와 무관하게 들여다볼 수 있는 서비스에 대한 관심이 필요하다.

지금 이 시장에서 고객의 감정에 도달하지 못하는 서비스는 존재하지 않는 것이나 마찬가지다. 그런 기업은 결국 그저 해오던 대로 흘러가거나, 후퇴할 수밖에 없음을 확신한다. 지금의 서비스가 그러하듯이.

PART II

우리가 놓친
또 하나의 공범

5장

지갑은 열게 했는데, 박수는 받지 못했다

지금까지 우리는 서비스 문제의 본질이 개인의 태도가 아니라 구조의 문제임을 분명히 했다. 그러나 더 깊이 들여다보면, 서비스 직무를 수행하는 사람이 다른 직무자에 비해 조직 내 중요성에 대한 인식과 업무 난이도, 그리고 그에 따른 처우가 낮은 현재의 사태는 단순히 오늘날 조직문화만의 문제로 보기 어렵다. 이 문제는 산업화와 소비문화가 본격적으로 확장되던 시기부터 오랜 시간 구조적으로 축적된 인식의 결과다.

당시 '정서적 노동'을 요구하는 업무는 주로 여성에게 할당되었다(Arlie Russell Hochschild, 1983). 사회적 분위기뿐 아니라 여성이 남성보다 감정 표현에 능숙하고 친절과 배려를 더 잘 수행할 수 있다는 편견, 그리고 돌봄을 여성의 역할로 보는 성 고정관념이 복합적으로 작용한 결과였다. 아쉽지만 지금도 그 구조는 크게 변하지 않았다.

서비스 직무는 오랫동안 '잠깐 하는 일' '결혼 전까지의 임시직' 정도로 여겨졌고, 전문적으로 성장하거나 경력으로 인정받을 가능성은 애초부터 차단되었다. 실제 서비스 직무에서 체계적인 승진이나 조직 내 주요 인사로 성장하는 경로는 드물다. 이는 단지 개인 역량의 문제가 아니라 아직도 업계 전반에 퍼져 있는 구조적 인식의 산물이다.

왜 이렇게 되었을까? 서비스는 '타고나는 성향' '누구나 할 수 있는 일'이라는 고정관념이 뿌리 깊게 자리 잡고 있기 때문이 아닐까? 이 인식은 업계 안팎을 가리지 않고 너무 오랫동안 유지되어 왔다.

1990년대 고도의 경제 성장과 함께 본격적인 소비의 시대에 진입하면서 '고객이 왕이다'라는 표현이 대중적으로 확산됐다. 내가 직접 이 구호를 외치는 모습을 본 세대는 아니지만, 과거의 교육 자료나 캠페인을 통해 생생히 확인할 수 있었다. 문제는 이 구호가 상징적으로 고객을 '왕'으로, 직원을 자연스럽게 '을'로 고착시켰다는 점이다. 결국 감정노동의 위계 구조가 제도적으로 깊숙이 자리 잡게 되었다.

감정노동자는 단순히 서비스를 제공하는 사람이 아니라, 자신의 감정을 끊임없이 억제하고, 무례함을 감내하며 고객의 감정을 받아내는 존재로 변모했다. 특히 내가 경험했던 항공사, 백화점, 럭셔리 브랜드, 호텔 등에서는 고객과의 대면 과정에서도 세련됨과 고급스러움을 유지해야 하기에 감정적 통제의 무게는 더욱 무겁다.

이런 구조적 불균형은 여전히 '이직률이 높다' '직원이 금방 그만둔다' '요즘 직원들이 버티지 못한다'는 식으로 포장되어 반복된다. 하지만 높은 이직률이 단지 업무 강도 때문이라고 생각하는 건 지나치게 안이한 해석이다. 성과와 역량이 조직 내에서 인정받지 못하는 구조 자체가 사람을 떠나게 만드는 본질적 원인이다.

실제로 서비스 직무자 중 일부는 뛰어난 역량을 지녔다. 고객의 감정을 읽고, 대면 상황에서 높은 공감력을 보이며, 고객 맞춤형 응대를 제공하는 이들의 능력은 실제 고객의 지갑을 열게 만드는 핵심 기술이다. HBR의 보고서에서도 이를 언급하고 있다. 서비스 직원의 경험EX과 고객 경험 향상이 실제 매출과 수익에 직접적인 영향을 준다는 것이다(Harvard Business Review, 2022). 하지만 이런 역량이 기업 내 공식적인 성과로 인정받지 못한다면, 아무리 탁월한 직원이라도 결국 이 업계를 떠나게 된다. 대부분의 서비스 직무자는 정확한 평가, 공정한 보상, 체계적인 경력 성장의 기회에서 철저히 배제되어 있다.

그래서 서비스 직무는 여전히 '잠깐 머무는 자리' '누구나 쉽게 할 수 있는 일' 정도의 평가를 받는 자리로 퇴보했고, 열악한 환경 속에서도 간혹 나타나는 '숨은 고수들'은 개인의 노력으로 일군 노하우를 조직에 남기지 못한 채 떠나게 된다.

게다가 지금은 '정서적 과잉의 시대'다. 사람들은 타인의 감정에 지속적으로 노출되고 그 감정에 반응하며 끊임없이 피로감을 느낀다. 이런 시대에 서비스 직무자에게 '항상 친절하라' '감정을 읽어라' '공감하라'는 요구는 단순한 업무 지시를 넘어 정서적 소진을 강요하는 무형의 부담이다. 정작 감정노동자의 존재가 더 중요해진 시대지만, 이들의 노동 가치는 여전히 가볍게 다뤄진다.

한편 자동화와 비대면 시스템이 빠르게 확산되면서 대면 서비스의 가치는 오히려 역설적으로 더욱 강조된다. '나만을 위한 시간과 관심' '진짜 사람의 손길'은 AI나 챗봇이 절대 대체할 수 없는 서비스의 본질이다. 실제로 럭셔리 브랜드는 손편지나 고객 이름을 직접 쓰는 등 '물성의 감정화'를 실천하고 있다. 디지털 시대에 물건은 감정을 담는 그릇이 된 것이다. 하지만 이 가치를 전달하는 사람들에 대한 존중은 여전히 부족하다.

철학자 존 롤스John Rawls는 『정의론A Theory of Justice』에서 "정의란 사회의 기본 구조가 공정한 규칙에 따라 형성되는 것"이라 말했다. 서비스직의 처우가 구조적으로 열위에 놓여 방치되어 있다면, 이는 단지 조직의 관행이 아니라 명백한 '정의의 문제'다. 고객이 까다롭고 직원이 버티지 못하는 것이 아니라, 노력과 결과가 정당하게 평가받지 못하는 구조가 진짜 문제다.

지금 우리가 겪는 서비스의 위기란 서비스 기술 자체의 문제가 아니라, 그것을 수행하는 사람들의 존재와 역할을 존중하지 않은 구조의 결과다. 이제 우리는 이 구조에 진지한 질문을 던질 때가 왔다. 왜냐하면, 이 불안정한 구조를 유지하는 것은 어쩌면 우리 모두의 잘못일지도 모르기 때문이다.

6장

고객도 공범이다

지금 내 눈에 보이는 오프라인 서비스의 위기란, 오프라인 공간에서 고객의 경험 속 감정을 설계하는 서비스라는 기술 자체의 문제가 아니라, 그 기술을 감당해 온 사람들의 역할과 그들의 가치, 그리고 존재를 인정하지 않았던 오래된 구조적 결과라고 앞서 주장했다.

그러나 세상의 모든 현상이 그러하듯, 하나의 이유만으로는 설명할 수 없는 복합적인 요인들이 얽혀 있는 이 문제의 원인이 어찌 조직 내부에만 국한될 수 있겠는가.

이제 질문의 화살은 고객을 향해 돌려야 한다. 고객 또한, 지금이 틀어진 구조의 분명한 공범이기 때문이다.

고객이 언제부터 서비스 시장에서 권력을 가지게 되었는지 궁금했다. 시장의 한 축이 공급자인 기업이라면, 반대편엔 당연히 수요자인 고객이 존재한다. 따라서 이 문제를 공급자의 관점에서만 바라보기엔 부족하다는 생각이 들었다. 현상을 정확히 바라보려면 근본적인 원인을 알아야 한다. 고객이 권력을 가지게 된 흐름부터 살펴보려 한다. 멀리 가지 않고도 지금 우리가 겪고 있는 문제에 결정적 영향을 준 시기를, 소비 시장의 황금기였던 90년대에서 찾을 수 있다. 흔히 '고객이 왕'이라는 표현이 등장하기 시작한 바로 그때다.

당시 경제의 급성장과 맞물려 소비 시장도 매우 활황이었다고 한다. 교육과 현장 점검을 위해 매장을 방문하면, 업계 경력자들이 내게 종종 "그땐 백화점에 돌을 올려놔도 팔릴 정도였다"고 회상하곤 했다. 누군가는 이런 얘기를 고리타분한 옛날이야기로 치부하지만, 나는 오히려 흥미롭게 듣는 편이다. 전국 각지의 점포에서 다양한 베테랑들을 만나 대화를 나눠보면, 본사에서 주로 마주하는, 소위 '생산성이 높다'고 평가받는 물리적 나이가 젊은 직원들보다 오히려 현실적이고 날카로운 시선을 가진, 에너지 넘치는 사람들을 발견할 때가 있다.

이제 와서 보면 불필요한 옛이야기처럼 느껴질 수도 있지만, 사실 그 시절이 있었기에 지금의 시장과 기업도 존재할 수 있었던

게 아닐까. 이 책에서는 주로 서비스의 문제를 꼬집고 있지만, 어떤 문제든 잘한 부분이든, 오랜 시간 쌓아온 과거의 노력 덕분에 지금의 논의조차 가능하다는 점을 분명히 짚고 넘어가고 싶다.

또한 시대가 변했다는 이유로 과거의 것을 무조건 배척하는 경우가 종종 있는데, 교육을 담당하며 강의를 준비할 때마다 내가 느끼는 건, 오랜 시간 검증된 이론이 현재의 생생한 트렌드와 절묘하게 어우러질 때 가장 설득력 있고 깊이 있는 결과물이 탄생한다는 점이다. 이는 비단 서비스나 교육 업무에만 국한된 이야기는 아닐 것이다. 어쩌면 모든 분야에서 통용되는 진리가 아닐까 생각한다.

이런 관점에서 봤을 때, 고객의 권력이 탄생한 과거의 시대를 짚어보는 일은 지금 우리가 겪는 서비스 위기를 이해하는 데 꼭 필요하다. 특히 국내외에서 소비가 하나의 '신분'이자 '권리'로 자리 잡기 시작한 전환기의 맥락을 놓쳐서는 안 된다. 백화점, 항공사, 호텔 업계가 최상위 소비력을 갖춘 고객을 VIP나 우수 고객으로 분류하고, 특별한 대우를 제공하기 시작한 것도 바로 이때부터였다.

과거 자료를 살펴보면, 국내에서는 롯데 · 신세계 · 현대백화점이 경쟁적으로 VIP 등급제를 도입해 고객에게 먼저 인사를 건네고 전용 라운지 입장 등의 혜택을 제공했다. 당시 영향력이 컸던 광고 슬로건도 "VIP만의 혜택을 누리세요." 같은 매우 직접적이고 명확한 표현이었다.

이 시기 일본의 '오모테나시おもてなし' 문화 역시 중요한 맥락이다. 오모테나시란 우리가 일본을 여행할 때 자주 느끼는, 일본인 직원이 보여주는 일정 수준 이상의 친절한 태도와 정중한 언행을 의미하는 서비스 정신이다. 실제로 일본은 전 세계 여행객들을 대상으로 한 여러 조사와 평가에서 고객을 가장 환대하는 국가 중 하나로 꼽히며, 재방문 의사에서도 꾸준히 최상위권을 유지할 정도로 서비스 품질이 높다. 이는 개인적인 경험에서도 쉽게 체감할 수 있는 부분이다.

작년 엔저 기간에 긴자의 한 럭셔리 브랜드 플래그십스토어를 방문했을 때도, 나는 자연스럽게 오모테나시를 경험했다. 최근 일본 현지에서도 오모테나시의 과잉 서비스를 지양하려는 움직임이 있었지만, 여전히 일본의 럭셔리 매장에서는 전통적 오모테나시 정신과 유럽 태생 브랜드만의 세련된 품격이 독특한 조화를 이루며 특별한 분위기를 만들어낸다. 그리고 솔직히, 이런 특별한 분위기에 취해 결국 매장에 들어가면 늘 무언가를 사 들고 나오는 것이 나의 문제라면 문제다.

그날 나는 매장에서 가장 저렴한 상품군에 속하는 넥타이 하나를 보러 갔을 뿐이었다. 하지만 직원은 45도로 고개를 숙이며 나를 안내했고, 내 앞에서 무릎을 꿇은 채 넥타이 하나하나를 정성스럽게 설명했다. 심지어 내 목에 직접 대주고 거울을 비추는 세련된 친절까지 잊지 않았다. 내가 결제하는 마지막 순간까지 단 한 번도 소파에서 일어날 일이 없게끔 직원이 나를 적극적으로 응대했고, 포장된 상품을 받으려 일어서자 매장 입구까지 조용히 안내한 후 밖으로 나와 90도로 깊게 허리를 숙이며 배웅했다. 다시 말하지만, 나는 그저 넥타이 하나를 샀을 뿐이었다.

이런 친절함의 이유에 대해 스스로 끝없는 질문을 하게 된다. 혹시 임금 차이 때문일까 생각한 적도 있었지만, 이미 한국의 시급이 일본을 넘어선 지 오래다. 일본인 친구와 이 주제로 이야기를 나눠봤지만, 그들에게는 너무나 당연한 일상이었기에 오히려 내 의문을 제대로 이해하지 못했고, 결국 타고난 배려심 같은 추상적인 답변만 돌아왔다. 여전히 이 질문은 오랫동안 내 머릿속을 맴돌겠지만, 지금으로선 분명히 말할 수 있는 것이 하나 있다. 일본의 이런 서비스 마인드는 단지 임금 차이 때문이 아니라, 고객을 함부로 속단하지 않고 그들이 공간에 입장하는 순간부터 퇴장할 때까지의 여정을 섬세하게 설계하는, 국가 전반에 걸친 서비스 정신 때문이라는 것이다.

비슷한 시기, 미국에서도 강력한 고객 중심 서비스가 본격적으로 자리 잡았다. 노드스트롬Nordstrom 백화점의 고객이 가져온 낡은 신발까지 환불해 준 전설적인 서비스 일화는, 소비 호황 속에서 고객이 얼마나 강력한 권력을 갖게 되었는지 잘 보여주는 사례다.

이 시기 국내외 오프라인 서비스 시장은 서서히 고객의 위치를 단순히 물건을 구매하는 대상에서 벗어나 선택하고 평가하는 주체로 끌어올리기 시작했다. 이는 현재 우리가 너무나 익숙하게 경험하고 있는 온·오프라인 리뷰와 별점 문화의 원형이 되었다고도 볼 수 있다.

이러한 변화와 함께 또 하나의 중요한 특징이 자리 잡았다. 바로 고객 세분화의 시작이다. CRMCustomer Relationship Management은 개별 고객의 소비 이력과 행동을 세밀하게 분석하고, 그들의 소비력에 따라 차별화된 응대와 혜택을 제공하는 전략적 접근으로 지금도 관련 학계와 기업에서 널리 활용되고 있다. CRM이 확산되면서 오프라인 서비스 시장 내 고객은 소비력에 따라 명확히 구분되는 존재로 자리 잡기 시작했다.

지금은 너무나 당연하게 들릴 수도 있지만, 당시엔 생소하게 느껴졌을 '더 많이 소비하는 고객은 더 빠른 응대와 더 많은 혜택을 받는다'는 구조는 점차 일반화되었고, 고객들에게는 "많이 써야 대접받는다"는 새로운 인식이 생겨났다. 그리고 이 인식은 당연한 권리로까지 자리 잡게 되었다.

"예전엔 이만큼 해줬는데 왜 지금은 안 해줘요?"

이처럼 이미 누렸던 혜택에 대한 기대가 고착화되면서, 권리는 어느새 권력으로 변질됐다. 온라인 환경으로 넘어오면서 이 권력은 더욱 강력해졌고, 모든 경험이 SNS 후기와 별점으로 실시간 평가되는 세상이 도래했다. 물론 이러한 시스템의 순기능을 부정할 수는 없지만, 지금 이야기하고 있는 서비스 시장의 위기 측면에서 바라보자면 이 권력의 부정적 영향 또한 무시할 수 없다.

어느 순간부터 고객의 리뷰나 고객의 소리VOC가 서비스 직원을 감시하는 시스템으로까지 변질되었다. 직원이 고객에게 제대로 응대했는지를 평가하는 고객과 기업 사이의 묘한 동맹 관계가 형성되었고, 원래는 서비스 품질 개선을 위한 긍정적인 피드백이어야 할 리뷰가, 때로는 직원을 위협하는 무기로까지 악용되어 서비스 자체가 왜곡되는 상황도 발생하게 되었다.

이런 역사적 흐름이 오늘날까지 이어져 고객도 이 구조의 공범이 되었다. 그리고 서비스 위기의 본질 중 하나는 바로 고객이 무제한적으로 행사하는 '감정 권력'에 있다고 생각한다. 고객이 서비스 현장에서 소비하는 건 더 이상 단순한 상품이나 서비스가 아니라, 부정적 감정을 오프라인 서비스 공간에 있는 직원에게 떠넘기는 '감정의 전가'가 되어버렸다는 것이다. 그리고 이 감정 전가는 단순한 순간적 불만 표출을 넘어, 고객 스스로도 인지하지 못한 채 태도와 행동 전반에 스며든다. 관련 연구를 살펴보면, 고객이 공손하거나 차분한 태도를 보일 때 직원의 자존감과 자발적 친절이 높아지고, 반대로 무례하거나 거친 태도는 직원의 감정노동 강도를 높여 서비스 질을 떨어뜨린다는 것을 쉽게 알 수 있다. 결국 고객의 태도는 서비스 결과를 결정짓는 일정 수준 이상의 강력한 변수가 된 시대다. 그럼에도 우리는 매장을 방문할 때 다수가 이러한 생각을 하지 않는 것이 사실이다.

조직이 그러하듯 대부분의 고객도 오프라인 서비스 공간에서의 불친절을 마치 인성과 도덕성의 문제로 치부하지만, 고객인 우리 역시 단면만 보는 건 아닌지 생각해 봐야 한다. 물론 당장 나의 행색과 차림만을 보고 속단하고 판단해 친절도를 결정짓는 경험의 불쾌함을 먼저 떠올릴 수밖에 없지만, 왜 그들이 그럴 수밖에 없었는지, 그리고 그 행동에 단 1%의 내 잘못은 정말 없는지도 생각해 볼 수 있어야 한다는 것이다.

그저 고객을 매출로만 바라보고 현장 직원에게 숫자로 찍힌 당장의 단기적 성과만을 강요하거나, 현장 근무자들을 단순히 매뉴얼만 숙지하면 반복된 업무 정도로 누구나 할 수 있는 수준으로 바라보는 이 업계의 틀어진 시선은 물론이다. 고객 역시 그들을 통해 겪은 불쾌한 경험을 마치 그들이 수준 낮은 하찮은 일을 하면서도 왜 나를 행색으로만 판단하느냐로 귀결짓는다. 나 역시 내가 겪은 불쾌한 경험과 똑같이 누군가의 직업을 쉽게 판단하고 평가하고 있지는 않은지 돌아볼 필요가 있다.

그리고 우리도 그들의 친절함을 기대할 수 있을 만큼 얼마나 성의를 보였는가도 앞으로는 더 생각해야 하는 시대가 될 것이라 확신한다. 앞으로의 세상은 단순히 내 돈을 써서 소비해 주면 너희는 무조건 나에게 최선을 다해야 한다는 방식이 통하지 않는 방향으로 갈 것으로 보이니 말이다. 우리는 누구나 어느 위치에 놓이던 평등하고 존중받기를 원한다. 지금과 앞으로의 경제 중심 세대는 더욱 그렇다.

예를 들어 우리도 지인의 집에 초대받아 방문한다고 가정해 보면, 대충 잠자리에서나 입을 법한 옷을 입고 가지는 않는다. 조 단위 사업으로 꾸려진 백화점이나 항공, 호텔 등의 공간, 그리고 그 안에서 한 명 한 명의 고객을 맞이하기 위해 거울을 한 번이라도 더 보고 옷매무시를 다듬고, 제품 정보를 숙지하기 위한 시간을 들여 정성이 깃든 공간에, 편한 복장과 '내가 돈을 쓰니 너희는 최고의 친절을 어디 한 번 보여줘 봐'라는 자세로 오프라인 서비스 공간에 들어간다면, 직원의 입장에선 당연히 괴리감을 느끼고 저항감과 방어의 태도를 취할 수 있음을 이해해야 한다.

물론 누군가는 이렇게 말할 수도 있다. 지인 집에 놀러 갈 때도 편하게 입고 가고 편한 마음으로 가기도 한다고. 그러나 우리가 기억해야 할 것은, 친구 집은 상업 공간과 같이 조 단위의 자금을 집주인이 아닌 방문객을 위해 사용하지 않았지만, 백화점이나 항공,

호텔과 같은 오프라인 서비스 공간은 조 단위의 돈이 오로지 주인이 아닌, 방문객 즉 고객을 위한 설계에 사용되었다는 것이다.

그러한 공간에 상주하는 직원, 특히 평등하고 스스로도 존중받길 원하는 요즘 우리와 다를 바 없는 현장 직원의 입장에선, 슬리퍼를 끌고 잠자리에서나 입을 법한 후줄근한 복장은 물론이며, 내가 내 돈을 쓰러 왔으니 너는 웃고 있어야 하지만, 나는 웃지 않고 굳은 표정에 강압적인 말투로 지시하듯 피팅이나 시향을 요구한다면, 당연히 그들은 그들의 정성이 깃든 공간과 스스로를 지키고 존중받기 위해 저항감을 표현하고 방어적인 태도를 드러낼 수밖에 없다. 그들은 하루에도 수십 명의, 그 공간과 이질감이 느껴지는, 그리고 입장부터 이미 무례할 준비를 당연시할 것 같은 표정과 걸음걸이, 분위기를 풍기며 실제로도 그런 행동을 하는 사람을 겪기 때문이다. 나 하나로 끝이 아닌 것이다.

물론 이러한 상황은 그들의 직업이자 당연한 숙명과도 같은 것이 아니냐고 생각할 수도 있다. 그러나 시대가 바뀐 만큼 고객도, 즉 우리도 생각을 조금은 바꿀 수 있어야 한다. 현장 직원 역시 그들이 속한 조직에서 그들을 존중하지 않는 구조와 문화를 바꾸기 위한 시도와는 무관하게, 현장을 찾아준 고객을 위한 최선의 노력이 필요하겠지만, 고객인 우리도 내가 돈을 쓴다는 이유만으로 무조건적인 친절을 기대하기보단, 나 역시도 사람 대 사람으로서 매장이란 공간을 지키고 꾸려가는 직원을 배려하는 행동을 왜 해야 하는지에 대한 고민을 해볼 필요가 있다고 생각한다.

직원에겐 바라지만 나는 직원에게 하지 않는 무뚝뚝한 표정을 짓고, 나보다 아랫사람이라고 생각하는 사람의 어떤 공간에 들어가듯 마치 '내가 내 돈을 쓰는데 왜'라는 자세로 거칠게 매장에 들어가, 내가 돈을 쓸 거니까 당연히 원래 내 것이었던 것처럼 거칠게 물건을 만지고 둘러보고 등의 행동을 하고 있지는 않은지.

며칠 전부터 우리 집에 방문할 예정인 손님을 맞이하기 위해 청소하고 음식을 고민한 후 준비하고, 입을 옷을 생각하며 준비했지만, 막상 초대한 손님은 씻지도 않은 채 자다 일어난 복장과 상태로 우리 집에 왔음에도 '내가 손님이니까 넌 웃어야 하고 나는 편히 있어도 무방해'라는 태도로 일관하는 누군가와의 상황을 잠시 상상해 본다면, 어쩌면 이 얘기가 아주 조금은 그럴 수도 있겠다는 생각이 들지 않을까 싶다. 그리고 이 상황을 서비스 현장에 그대로 대입해 보면 금방 이해가 된다. 고객은 자신이 느낀 불만, 짜증, 스트레스 같은 부정적 감정을 스스로 합리적으로 해결하지 않고, 마치 그것이 당연한 권리인 양 서비스 직원에게 전가하거나 직접 표출한다. 직원은 이렇게 고객이 전가한 감정을 대신 떠안게 되면서, 점차 서비스의 질과 태도는 더 악화되는 악순환이 반복된다. 즉, 고객은 스스로의 감정을 책임지지 않고 그 책임과 스트레스를 직원에게 넘기고 있다는 사실을 우리 업계 종사자만큼은 분명히 인지하고 있어야 한다.

고객은 오래전부터 왕의 자리에 있었다. 하지만 진짜 문제는 이 권력이 '감정'과 결합하여 끝없는 요구와 왜곡된 기대를 만들어냈다는 점이다. '돈을 쓴 만큼 대우받아야 한다'는 권력자의 인식이 서비스 현장을 끊임없이 압박하고, 직원들의 심리적 여유와 자신감을 떨어뜨려 결과적으로 서비스 품질 자체가 저하되는 악순환을 낳았다.

하지만 이 악순환이 오직 고객 혼자 만들어낸 결과라고 생각하지는 않는다. 오프라인 서비스 시장의 경쟁이 치열해질수록, 우리는 고객의 마음을 붙잡기 위해 독창적인 아이디어나 세련된 접근보다는 서로 복제하듯 비슷비슷한 특권과 혜택을 쏟아냈고, 고객의 불합리한 요구조차도 직원들에게 감내하라고 떠넘겼다. 고객의 감정을 지나치게 받아주는 것이 마치 정당한 것처럼 여겨졌고, 때론 고객의 무리한 태도마저 '서비스 정신'이란 이름으로 포장하며 서비스 기준 자체를 희석시켜 왔다.

고객은 결코 스스로 왕의 자리에 오른 것이 아니다. 우리가 속한 업계가 고객을 왕으로 모셔왔던 것이고, 결과적으로 지금과 같은 고객의 감정 권력을 키워놓았다.

그래서 나는 항상 주장한다. 서비스는 고객의 경험을 어떻게 설계하느냐 이전에, 기업과 업계가 고객을 어떻게 길들이고 어떻게 리드하느냐의 문제라고 말이다.

그러니 이 구조를 바꾸기 위해서는 고객의 변화만 요구할 수는 없다. 우리에게도 분명 잘못이 있었기 때문이다. 이제 필요한 것은 고객의 일방적 요구와 기업의 무조건적인 수용이 아니라, 서로의 감정이 존중받는 건강한 거래 구조로의 전환이다.

물론 고객은 브랜드를 선택하고 오프라인 공간에서의 경험과 물건 소유에 대한 비용을 지불하는 당사자이며, 그에 걸맞은 기대와 권리를 충분히 보장받아야 한다. 다만, 그 기대가 합리적 수준을 넘어 감정의 전가가 되어서는 안 된다는 것이다.

좋은 서비스는 고객과 직원 양쪽 모두의 감정이 존중받는 공간에서만 가능하다. 개인적으로 나는 이 점만큼은 절대 이 업계에서 타협해서는 안 된다고 생각한다.

내가 내뱉은 말 한마디, 표정 하나가 상대의 감정을 움직이고, 결국 그 감정이 다시 나에게 돌아오는 분위기를 결정짓는다는 걸 깨닫는 순간, 서비스 현장은 더 이상 단순한 거래의 장소가 아니라 사람과 사람 간의 관계가 형성되는 공간으로 변화한다. 결국 감정은 일방향이 아니라 끝없이 돌고 도는 순환 구조이기 때문이다.

글로벌 소비 트렌드에서 핵심 키워드로 떠오른 '감정 중심의 자기 돌봄Emotional Self-Care' 역시 이러한 감정의 순환 구조를 보여준다(Mintel, 2023). 이 키워드는 단순히 잠깐의 유행어가 아닌 거대한 사회적 변화의 흐름 속에서 나온 개념으로, 지금도 여전히 유효하며 앞으로 더 중요해질 가능성이 크다.

감정 관리와 설계는 이제 기업뿐 아니라 고객에게도 반드시 필요한 전략적 선택이다. 2020년 국내 유통연구를 보면, 고객이 남긴 리뷰의 감성지수가 높을수록 실제 매출이 뚜렷하게 증가한다는 결과가 확인되었다(최자영 · 김현아 · 김용범, 2020). 쉽게 말해, 고객이 긍정적인 리뷰와 감정을 공유할수록 다른 고객의 방문과 구매로 이어지고, 결국 더 좋은 서비스와 환경이 제공되는 형태로 다시 고객인 나에게 돌아오는 순환 구조가 만들어진다는 뜻이다. 결국 나의 작은 행동과 감정이 돌고 돌아 나 자신에게까지 영향을 미친다는 점에서, 오프라인 서비스 공간에서 고객의 역할 또한 서비스 품질을 결정짓는 중요한 주체라는 점을 명확히 깨닫게 된다.

결국, 고객인 나의 작은 행동 하나가 더 이상 남의 일이 아니라 바로 내 일이 된다는 것이다.

이제 고객을 향하는 질문은 이렇게 바뀌어야 한다.

"나는 지금 어떤 감정을 소비하고 있는가?" 그리고 "내가 설계한 감정은 오프라인 공간에 어떤 경험으로 남게 될 것인가?"

수년간 수백 번은 반복했을 이야기지만, 고객서비스는 결코 소모되는 아까운 비용 지출이 아니라, 오프라인 서비스 기업의 매출을 움직이는 가장 유효한 전략이다.

이 전략이 제대로 작동하기 위해서는 고객의 변화뿐 아니라, 그 변화를 이끌어내기 위한 업계의 지속적인 노력과 시도가 반드시 필요하다. 더불어 우리가 만든 구조에 대한 진지한 성찰, 그리고 고객과 직원 모두가 서로를 감정의 주체로 존중하는 태도에서부터 시작되어야 한다.

이제는 서로의 감정을 책임지고 존중하는 구조를 설계할 때다.

PART III

데이터가 말하는
진실

7장

그때는 맞았지만, 지금은 틀리다 - 돌아오지 않은 서비스, 면책의 구조

"맞아요. 그때 우리 진짜 힘들었잖아요."

코로나19 동안 오프라인 매장은 휘장으로 덮였고, 항공 스케줄은 줄줄이 취소됐으며 호텔은 객실 입실을 제한했다. 대면 서비스가 필수적인 업계일수록 타격은 더욱 컸다.

그러나 우리가 그 시절 얼마나 힘들었는지를 서로 토닥이며 그 시기에만 머물러 있을 수는 없다. 이 말이 너무 냉정하게 들리지 않았으면 한다. 나 역시 그 시기 승무원 강사로 일하며 대학원에 다니고 있었기에, 채용 중단과 강의 취소가 반복되는 현실을 온몸으로 겪었다. 개인적인 삶에서도 돌이킬 수 없는 관계의 단절을 겪으며, 그 어느 때보다 모질고 힘겨운 시기를 건넜기에, 이 말을 할 자격만큼은 충분하다고 믿는다.

이제는 '코로나19 때부터…'라는 말로 무너진 서비스를 재건하지 못한 이유를 말하기엔 많은 시간이 흘렀다.

'그때는 맞았지만, 지금은 틀린' 장면들이 있다. 우리는 이제 그 장면들을 직시해야 한다. 무엇이 아직 돌아오지 않았는지, 혹은 왜 애초에 복원하려는 시도조차 없었는지를 분명히 짚어야 한다. 더 늦기 전에.

정말 당시 우리는 힘들었다. 감염자가 발생하면 백화점이나 오프라인 브랜드 매장이 며칠간 폐점됐고, 점차 해당 층, 나중엔 해당 매장만 폐쇄하는 식으로 통제 범위가 좁혀졌지만 이 기간은 2년 넘게 지속됐다. 사회적 거리두기와 영업 제한 속에서 직원들은 무급 휴직에 들어가거나, 경우에 따라 직장을 잃기도 했다. 당시 항공사에 재직 중이던 지인들이 권고사직당하는 모습을 봤다. 나 역시 현장에서 이를 직접 목격하고 체감했기에 굳이 데이터가 필요하냐 싶지만, 데이터도 그 경험을 뒷받침한다.

국제항공운송협회IATA는 2021년 항공 여객 수가 팬데믹 전 대비 60% 감소했고(IATA, 2021), 글로벌 호텔 객실 점유율도 43%에 불과했다고 보고했다(STR, 2021). 리테일 업계 역시 예외가 아니었다. 국내 주요 상권의 매장 공실률은 팬데믹 이전 대비 두 배 가까이 상승했고, 특히 국내 리테일 시장의 체감경기를 가장 잘 보여주는 척도와도 같은 명동의 공실률은 50%를 넘어서며 소비자 트래픽이 극도로 위축된 현실을 명확히 보여주었다(쿠시먼앤드웨이크필드, 2025). 그러나 이제 팬데믹의 그늘은 걷히고 고객은 모두 돌아왔다. 2024년 항공 여객 수요는 팬데믹 이전의 96% 수준으로 회복됐으며(IATA, 2024), 글로벌 호텔 객실 점유율 역시 75%를 넘어섰다(STR, 2024). 명동 등 국내 주요 상권의 공실률도 지속적으로 개선돼 팬데믹 이전 수준으로 회복 중이다.

그러나 지금은 어떤가? 물론 아직도 고금리, 환율 불안, 원자재 가격 상승 같은 현실적인 어려움을 현장에서 느끼는 사람이 많다는 걸 잘 안다. 나 역시 점포에 방문할 때마다 "장사 정말 안 돼요"라는 말과 숫자를 직접 보고 듣기 때문이다. 하지만 내가 말하고자 하는 건 개별 매장이나 특정 업종의 어려움이 아니라, 오프라인 서비스 시장의 거시적인 흐름과 고객이 느끼는 기대감이다. 이미 호텔과 항공은 팬데믹 이전 수준으로 회복됐고, 일부 프리미엄 시장에서는 오히려 수요가 더 치열해진 모습이다. 특히 도심의 고급 호텔은 예약 자체가 어렵고, 객실 가격은 이제 고객이 망설일 정도의 숫자가 찍혀 있다. 즉, 고객의 소비 욕구와 서비스에 대한 기대치는 이미 회복을 넘어 그 기준이 훨씬 더 높아진 상태다. 전체 시장의 흐름과 고객의 눈높이가 변했다면, 서비스의 기준 역시 다시 세우거나 새롭게 정의해야 하는 시점이라는 걸 말하고 싶다.

고객은 돌아왔지만, 서비스는 돌아왔는가? 이것이 바로 이 장의 핵심 질문이다. 물론 모든 기업이 그런 것은 아니다. 브랜드만의 철학과 서비스 품질을 지켜낸 곳도 있고, 오히려 팬데믹 경험을 계기로 이윤 창출을 넘어 고객 감정의 접점을 정교하게 설계하는 게 앞으로의 시대에 얼마나 더 중요한지를 깨닫고 행동한 기업도 존재한다. 하지만 많은 오프라인 서비스 현장에선 팬데믹 당시 강행한 축소 조치를 지금도 당연한 듯 이어가고 있다.

'불이익과 불편은 오롯이 고객의 몫으로 남는다.'

항공사는 기내 식음료 서비스 단계를 줄였고, 일등석 어메니티 구성도 간소화됐다. 호텔은 비대면 체크인을 강조하며 키오스크와 모바일 체크인을 기본으로 하고, 하우스키퍼 대신 로봇이 등장한 풍경은 이제 낯설지 않다. 팬데믹 동안 일시 중단됐던 룸서비스는 일부 호텔에서 아예 폐지되기도 했다.

백화점은 더 심각하다. '1인 근무'는 이제 하나의 관용어가 됐다. 매출 규모나 매장 크기와 무관하게 한 명이 매장을 운영하는 모습은, 직원이 밥을 먹거나 화장실에 가기 위해 안내문을 세우고 자리를 비우는 상황을 만든다. 고객이 직접 인기척을 내야 직원이 나오는 매장에서의 경험도 흔해졌다. 편의점에서 알바생이 부재중 팻말을 걸고 자리를 비우는 모습이 백화점과 쇼핑몰에서도 반복되면서, 서비스 품질 또한 자연히 하락할 수밖에 없게 되었다.

실제로 1인 매장에서 고객을 어떻게 응대해야 하는지, 자연스러운 매뉴얼과 에티켓을 강의하고 전파하면서도 마음 한편으론 늘 찝찝했다. 직원 한 명이 점포를 지키는 상황을, 마치 당연한 현실로 받아들이게끔 내가 조장하는 건 아닐까 하는 불편함 때문이었다. 물론 나도 현장에서 수없이 반복된 이 악순환을 봤고, 현실적인 이유로 직원 수를 줄이고 그 빈자리를 무리하게 1인 근무로 버티는 브랜드의 상황도 이해한다. 하지만 서비스는 역설적이다. 고객이 찾지 않는다고 인적서비스를 줄이고, 인적서비스가 빈약해지니 고객이 더 안 오는 악순환의 반복이다. 공간의 활기가 떨어지고, 고객과 직원의 연결은 끊어지며, 그 매장은 살아 있는 장소에서 그저 상품을 진열한 '공간'으로 변질된다. 공간의 생명력이란 결국 그 안에서 움직이는 사람의 기운에서 나오기 때문이다. 직원의 움직임과 에너지, 작은 대화와 응대가 없어진 매장은, 아무리 좋은 위치에 있어도 소비자의 관심 밖으로 밀려날 수밖에 없다.

물론 기업의 입장에선 비용을 생각할 수밖에 없다. 그러나 장기적인 시선으로 보면, 이게 과연 진정한 비용 절감인지 다시 물어야 한다. 한 번 무너진 서비스의 경험은 그 매장을 향한 소비자의 인식 자체를 바꿔버리기 때문이다. 고객의 선택 기준은 시간이 갈수록 더 까다롭고 냉정해진다. 당장 눈앞의 숫자만을 기준 삼아 인적서비스를 축소하면, 브랜드의 존재 이유마저 희미해질 수 있다는 걸, 나는 수많은 현장에서 이미 목격했다.

인적서비스의 품질은 말할 것도 없다. 직원의 친절, 언행, 응대 자세는 단순한 개인의 인성 문제 정도처럼 보이지만, 구조적 요인에 기반한 피로 누적의 결과다. 감정노동자 개인의 태도 문제가 아니라, 그들이 감당하는 정서적 과부하와 인력 구조의 문제인 것이다.

이 중 또 하나의 원인은 바로 '코로나 이후 부실해진 서비스에 당장의 비용이 절감된 기업도, 어느새 열악한 환경에 적응해 버린 직원도, 불편함을 감당해 버린 고객도 모두 익숙해진 채 돌아가지 못하고 있다는 사실'이다.

팬데믹 기간, 오프라인 서비스 업계에서 사라져 버린 또 하나는 바로 교육이다. 나 역시 당시 강사로서 직업적 위기를 겪은 당사자 중 하나였다. 집합 교육이 중단되고, 현장에서 얼굴을 맞대며 진행되던 생생한 교육의 시간은 그야말로 순식간에 사라졌다. 그 교육은 돌아왔을까? 아니, 마치 처음부터 존재하지 않았던 것처럼, 흔적도 없이 자취를 감췄다. 항공사나 호텔 같은 업종은 팬데믹 상황에서도 비교적 꾸준히 교육을 유지한 편이었지만, 리테일 기업이나 브랜드 매장을 운영하는 회사들은 기존의 교육장을 없애고 그 공간을 매장으로 바꾸거나 창고로 전환하는 경우가 비일비재했다. 더 큰 문제는 교육 없이 지내온 몇 년의 시간 덕분에 현장의 교육에 대한 저항감은 훨씬 더 강해졌다는 것이다. 현장의 문제를 발견하고, 이를 해결하기 위한 작은 실마리를 주고자 두 달 이상의 시간을 들여 교안을 개발한다. 현장의 감정과 구조를 이해하고 고민에 고민을 거듭하며 교안을 완성하고 나면, 그 결과물을 손에 들고 교육장에 들어선 순간, 인사도 제대로 나누기 전에 돌아오는 말은 이렇다.

"교육 좀 안 하면 안 돼요?"

겉으로는 미소를 짓고 있지만, 두 달 넘게 구조를 짜고, 반복해서 검증하고, 다시 다듬고 또 다듬으며 쏟아낸 내 모든 시간 위로 비수가 날아와 꽂히는 순간이다.

우리는 더 이상 묻지 않는다. 줄어든 서비스는 왜 복구되지 않았는지, 왜 직접 대면 서비스를 받을 수 없는지. "그럴 수도 있지." "요즘 다 그렇잖아"라는 말로 무기력이 체념이 되고, 체념은 곧 책임을 묻지 않는 구조를 만들고 있다. 이것이 바로 면책의 구조라 말하고 싶다. 팬데믹의 절박함 속에서 불가피하게 감행했던 서비스 축소가, 어느새 '당연한 일상'으로 자리 잡았다. 아무도 책임을 묻지 않고, 그 공백을 외면하며 지나간 시간이 너무 길었다.

그 책임은 일부 기업뿐 아니라 고객 역시 그 구조의 공범이 되었다. 예전의 정교하고 품격 있는 서비스는 더 이상 기대하지 않게 되었고, '이 정도면 됐지'라는 말이 우리의 낮아진 기대치를 그대로 보여준다.

하지만 이 장에서 말하고자 하는 것은 단순한 비판도, 책임 전가도 아니다. 우리는, 적어도 이 업계에 몸담고 있는 사람만큼은 이 구조를 더 이상 외면해서는 안 된다는 것이다. 돌아오지 않은 서비스의 진짜 이유가 무엇인지 묻고, 그 공백을 누구라도 용기 있게 외치고 바꿀 방법을 찾고, 바꿔야 한다고 말해야 한다.

오프라인 서비스 공간에서의 고객서비스는 이제 단순한 회복 여부를 묻는 단계를 넘어섰다. 그것은 '재건'을 넘어 '재정의'의 문제로 와버렸다. 고객이 돌아왔듯, 우리의 서비스 또한 되돌아가야 한다. 다만, 구조적 문제와 내부의 무관심이 난무한 예전의 서비스로 회귀해서 될 것이 아니라, 지금의 고객이 오프라인 공간에 기대하는 감정선을 고려한 섬세한 설계가 반영된 기대치에 맞는 새로운 기준을 만들며 전진해야 한다.

그리고 이 일은 누군가 대신 해주지 않는다는 걸 업계에서 몸소 느끼고 있다. '언젠간 되겠지.' '누군가 다음에 하겠지.' 혹은 '나는 서비스 담당이 아니라서'와 같은 생각으로는 더 이상 유효하지 않다. 결정권자부터 모든 직원까지, 우리 모두가 다시 서비스를 위해 움직여야 한다.

지금 우리가 마주한 오프라인 서비스의 공백은, 단지 이전으로 되돌리는 것만큼이나 새롭게 정의하는 것이 중요하다. 기술이 아무리 앞서도, 고객의 감정은 결국 현장에서 사람을 통해 연결되기 때문이다.

물론 고객 역시 기업이 처한 현실과 어려움을 충분히 이해하지만, 그렇다고 해서 브랜드 선택과 공간이 주는 감정적 연결에 대한 기대치까지 낮추진 않는다. 오히려 그 기대의 잣대는 더욱 날카롭고 엄격해지고 있다.

결국, 아무도 책임지지 않고 방치된 이 빈자리를 가장 먼저 메우고 무너진 서비스의 기준을 다시 세우는 곳만이 다음 10년을 이끌고 고객의 선택을 받을 것이다.

오프라인 서비스 시장을 이끄는 건, 과거에 머물거나 돌아가기에 급급한 곳이 아니라, 그 너머로 나아가 새로운 기준을 만든 곳일 테니 말이다.

8장
엑셀, 제 자식을 삼키는 사투르누스처럼

오프라인 서비스 공간, 즉 최전방에서 우리가 원하는 매출이 발생한다. 평소 나는 '최전방'이라는 표현을 즐겨 쓰는데, 15년 넘게 고객서비스 현장을 버텨온 내게 그곳은 전쟁터와 같기 때문이다. 뒤편에서 수많은 조직과 직원들이 전략을 세우고 기획을 짜지만, 결국 모든 것이 살아 움직이며 드러나는 곳은 바로 '현장' 그곳에 있는 서비스 직무자의 손끝이다.

최전방의 직원은 고객의 지갑을 연다. 그들은 매출을 만들기 위해 시간과 감정, 그리고 온몸을 던져 고객을 응대한다. 그러나 조직은 이 '지갑을 열게 한 그들의 손끝에 맺힌 정성'을 좀처럼 인정하지 않는다.

"서비스는 기본이지"라는 말로 치환하며, 박수는커녕 서비스가 매출에 기여하지 않는다고 가치를 평가절하하기도 한다. 앞선 장에서 우리는 이미 이 부조리한 구조를 함께 직시했다.

이 광경을 보면서 문득 프란시스코 고야Francisco José de Goya y Lucientes의 섬뜩한 작품, 자식을 잡아먹는 사투르누스와 같다고 생각한 적이 있다. 권력을 지키기 위해 스스로 자식을 삼켜버린 신화 속의 사투르누스처럼, 기업이 당장의 매출을 지키겠다고 고객이라는 존재를 무자비하게 삼키고 있는 건 아닌지 말이다.

이제 다시 질문을 던져야 할 차례다.

정말 서비스는 누구나 쉽게 할 수 있는 '기본'이라서, 그에 대한 비용과 관심을 줄여도 되는 선택일 뿐일까?

고객의 마음을 움직이는 서비스야말로 오프라인 서비스 기업의 진짜 전략임을 인정해야 한다. 서비스는 결코 소모되는 비용 항목이 아니라, 우리가 그토록 집착하는 '매출'을 움직이는 가장 강력한 버튼이다. 이제는 이 인식에서 출발해야만 한다.

비용 절감이 필요할 때, 기업이 가장 먼저 칼을 들이대는 곳이 있다. 서비스 인력 감축, 서비스 교육 축소, 고객에게 주어지는 혜택과 서비스 자체의 축소가 대표적이다. 늘 그래왔다.

숫자에만 몰입한 조직은 자신들이 무엇을 지워버리고 있는지

인지하지 못한다. 바로 고야의 그림 속 사투르누스처럼, 자신의 권력 유지에 미쳐 결국 그 힘의 근원을 스스로 파괴하는 것이다. 고객을 지워버리면서도, 숫자만을 보고 있기에 정작 자신이 무엇을 삼키고 있는지 깨닫지 못하는 모순적이고 잔혹한 모습을 보여준다.

하지만 서비스는 절대 단순한 비용 항목이 아니다. 서비스는 고객의 재방문율과 브랜드 락인LOCK-IN 효과, 즉 팬덤과 충성도를 형성하는 데 결정적인 역할을 한다는 사실이 국내외의 다양한 사례에서 반복적으로 입증되어 왔다. 특히 이 장에서는 서비스가 왜 매출보다 우선이어야 하는지를 설득하기 위해 최신의, 가장 신뢰할 만한 근거만을 골라 제시할 것이다. 조직 내에서 서비스의 가치를 믿지 않는 이를 설득하는 것이야말로 가장 힘든 과정이기 때문이다.

2023년 McKinsey & Company 리서치 중 내가 특별히 주목한 내용이 있다. 고객 경험CX을 체계적으로 개선한 기업들은 McKinsey 분석 결과, 동일 업계의 CX 후발주자 대비 2016~2021년 3년간 매출 성장률이 2배 이상에 달했다(McKinsey & Company, 2023)는 것이다. 앞으로 고객의 욕구를 예측하는 일은 점점 더 어려워질 것이고, '경험'을 중시하는 흐름 속에서 오프라인 공간의 여정을 감정적으로 세밀하게 설계할 수 있는 기업만이 매출을 끌어올릴 수 있음을, 이 수치가 명확히 보여준다.

뿐만 아니라, 고객과 브랜드 간의 감정적 연결성이 서비스 가치의 핵심이라는 사실 역시 오랜 기간 입증되어 왔다. 특히 Harvard Business Review는 리테일과 호스피탈리티 업계에서 이러한 서비스 연구를 깊이 있게 다루고 있다. 실제로 2015년 HBR의 연구에서는 고객과 정서적으로 깊게 연결된emotionally connected 브랜드가 경쟁사 대비 고객 유지율이 최대 50% 높고, 고객의 생애가치Lifetime Value 또한 현저히 높다는 결과를 제시했다(Magids, Zorfas & Leemon, 2015).

이 결과는 우리에게 중요한 시사점을 던진다. 흔히 많은 이들이 고객이 가격에 가장 민감하다고 착각하지만, 실제로는 서비스와 정서적 연결을 통해 만족감을 느낀 고객일수록 가격 민감도가 낮아지고, 브랜드 이탈률 또한 낮아진다는 것이다. 더 이상 직관이나 '감'에만 의존한 주장이 아닌, 서비스의 진정한 가치를 숫자로 증명한 결과다.

최근 미주중앙일보에 실린 프리랜서 플랫폼 업워크Upwork의 리서치도 비슷한 맥락에서 흥미로운 결과를 제시한다. 프리랜서가 즐겁게 일할 때와 억지로 일할 때 수용 가능한 시급에 뚜렷한 차이가 있었다. 좋아하는 일은 평균보다 낮은 시급에도 기꺼이 수락하지만, 원치 않는 일에는 더 높은 시급을 요구한다고 한다. 일의 즐거움, 즉 업무 만족도가 인건비 문제와 직결된다는 것을 보여주는 사례다(중앙일보, 2024).

대다수 기업은 서비스 직무자의 처우를 가장 낮게 책정한다. 백화점 내 화장품 브랜드 노조처럼 처우에 대한 불만을 제기하며 권리를 찾기 위해 움직이는 사례도 존재한다. 대부분의 조직이 서비스 직무자의 처우를 고민할 때는 늘 '비용'에서 시작할 것이다. 하지만 위의 사례들을 보면, 문제 해결을 위해 단순히 계산기를 꺼내 드는 것이 아니라, 오프라인 서비스 공간에서 만족스럽게 일할 수 있는 환경을 먼저 만들어내야만 궁극적으로 비용 문제까지 해결할 수 있는 작은 실마리가 될 수 있음을 깨닫게 한다.

물론 내 의견만 무조건 옳다고 주장하는 건 아니다. 내가 조직 내 비용 배분이라는 복잡한 구조를 얼마나 깊이 이해할 수 있을까. 다만 조직 내 특정한 직무의 처우를 개선한다는 것이 단순히 임금을 조금 더 올리는 수준의 문제는 아니라는 것 정도는 안다.

서비스 직무자의 인건비 인상은 전체 인력 구조와 고정비에 직접적인 영향을 미친다. 특정 직군의 처우를 개선한다고 모든 문제가 해결되지는 않는다. 당연히 다른 직군과의 임금 격차나 내부 공정성 논란이 수면 위로 떠오르고, 장기적으로는 인사정책 전반에까지 복합적인 영향을 미친다는 것은 직장인이라면 누구나 쉽게 그릴 수 있는 그림일 것이다. 특정 집단을 위한 예외적인 처우 개선은 조직 전체의 문화와 동기부여에까지 파장을 일으킬 수 있다.

실제로 나는 외국 항공사에서 근무할 때, 한국인 승무원으로서 유사한 상황을 경험했다. 회사 입장에서는 외국인 승무원이 영어 외에 한국어로도 고객 응대가 가능하다는 이유로 '언어 수당'이라는 비용을 책정해 지급했다. 하지만 이런 언어 수당이 모두에게 환영받지는 못했다. 일부 동료들은 "왜 외국인 승무원만 특별 수당을 받느냐"며 불만을 표하기도 했고, 그럴 때마다 조직 내 보상과 형평성 문제가 얼마나 민감하고 복잡한지 현장에서 몸소 체감할 수 있었다.

더 나아가, 서비스 직무자의 처우 개선이 단순히 임금 인상으로 끝나는 문제는 결코 아니다. 오프라인 공간 환경 개선, 현장에 특화된 복지와 안전 보장, 경력 개발과 현장 직원 권리 강화 등 본질적인 문제로 확대될 수밖에 없다. 그래서 간단히 해결할 수 없는, 조직 전체가 움직여야 하는 중요한 과제임을 우리는 잘 알고 있다.

물론 처우 개선은 절대 쉬운 일이 아니다. 하지만 웨그먼스 효과Wegmans Effect가 시사하듯, 미국 체인 슈퍼마켓 웨그먼스는 비용과 효율 중심의 전략을 벗어나 직원 만족에 투자함으로써 서비스 품질 향상과 고객 충성도 증가라는 선순환 구조를 만들어냈다. 우리가 기억해야 할 비교적 '정답'에 가까운 사례일 것이다.

결국 서비스에 대한 투자와 관심은 누구나 따라 할 수 있는 단순한 할인 경쟁이나 단기적인 매출만을 노린 사은행사, 행사장 매대를 꽉꽉 채워 브랜드 수만 늘리는 방식으로는 절대 대체할 수 없다. 고객이 머물고 싶고, 다시 오고 싶은 공간과 잊히지 않는 경험을 설계하지 못한다면, 앞으로 10년은커녕 5년 안에도 그 공간의 매력은 급격히 사라질지도 모른다.

숨 막히는 행사장 매대 사이에서 계획한 물건만 재빨리 구매하고 서둘러 빠져나가는 고객들. 전국의 다양한 백화점과 매장을 돌다 보면 유독 더 답답하게 느껴지는 매장이 꽤 많다. 이건 직접 현장을 경험한 사람만이 알 수 있는 현실이다.

이제는 경쟁자가 쉽게 모방할 수 없는, 브랜드만의 장기적 서비스 가치와 그것을 고객에게 전달해 진정한 팬덤을 만드는 데 더 집중해야 한다. 결국 남들과 같은 방식으론 절대 차별화될 수 없다. 그리고 그 차이를 만드는 핵심이 바로 서비스, 즉 세밀한 디테일과 감정 설계를 통해 고객과 진정으로 연결되는 것이다.

서비스에 대한 투자가 실제로 매출을 견인하는 방법임을 증명하는 길엔 단지 서비스 직무자의 처우 개선만을 얘기할 순 없다. 현장 직원에게 실제로 주어지는 권한 역시 짚어봐야 한다.

현장에서 고객을 직접 마주하던 시절, 나는 서비스 현장 인력에게 더 많은 권한이 필요하다고 절실히 느꼈다. 이제 본사에서 서비스 문제점을 분석하고 필요한 교육을 설계하는 입장이 되면서, 현장 직원에게 실질적 권한이 주어질 때 비로소 어떤 긍정적 변화가 나타날 수 있는지 더 깊이 확신하게 됐다.

이 업계에선 '메라비언의 법칙'만큼이나 진부하게 반복되지만, 여전히 그 가치를 의심할 수 없는 리츠칼튼 호텔의 유명한 '2,000달러 룰'을 아는가? 1990년대 말부터 최근까지 유지되는 이 정책은 직원이 즉각적인 불만 관리에 최대 2,000달러까지 자율적으로 사용할 수 있도록 권한을 부여한 사례다. 단기적으로는 비용 소모로 보일 수 있지만, 실제로는 추가 소비와 고객 충성도를 높여 매출로 연결되는 대표적인 '권한 부여' 사례로 꼽힌다.

그러나 대부분의 국내 오프라인 서비스 기업은 직원 권한이 가진 이러한 순기능보단, 권한이 남용될 가능성만을 우려하며 권한 위임에 소극적이다. 이로 인해 현장에서의 즉각적인 고객 응대나 감정적 연결의 기회를 놓치기도 한다. 반면 항공사 승무원 시절 내가 '최고 매출 달성 승무원Top Performer'으로 이름을 자주 올릴 수 있었던 것도, 면세품 카트를 무의미하게 끌고 지나가는 대신, 고객 한 사람 한 사람의 눈빛과 표정, 타이밍을 세심히 읽으며 그 순간에 가능한 '필요 이상의 경험'을 제공하려 했기 때문이었다. 결국, 권한을 어떻게 활용하는가에 따라 그 효과는 완전히 달라진다.

이러한 감정적 연결을 순간적으로 만들어내는 것이 바로 오프라인 서비스에서만 가능한 '감정 설계'의 기술이자, 서비스 직무자의 역할이다. 고객 경험의 여정 속에서 미세한 감정선을 읽고, 순간마다 맞춤형 서비스를 실행하는 것이 오프라인 서비스의 진정한 본질이다. 결국 서비스의 가치는 상품 판매 그 이상으로 고객의 기억에 남는 특별한 경험과 감정을 만드는 데 있다.

오히려 고객 불만이 발생한 순간 더 큰 혜택을 제공하면, 고객이 도리어 '미안함'을 느끼며 추가 구매로 이어지는 독특한 현상이 자주 관찰된다. 이처럼 현장 권한 부여는 단순 비용이 아니라 매출을 견인하는 전략적 투자다.

하지만 최근 많은 기업들은 디지털 전환이라는 이유로 현장 직원의 권한을 축소하거나 자동화된 대응만을 강조하는 경우가 많아지고 있다. 그러면서 자연스레 서비스의 본질과 가치를 오해하게 되기도 한다. 이 맥락에서, 디지털 기술을 서비스의 주체가 아닌 보완재로 현명하게 활용하는 것이 중요하다.

디지털 전환과 오프라인 서비스의 경계를 이야기할 때, 스타벅스의 잠재적 경쟁자로 종종 언급되는 미국 카페 브랜드 더치브로스Dutch Bros의 사례는 꽤 흥미롭다. 더치브로스는 직원들에게 고객 불만 처리 시 무료 음료 쿠폰을 줄 수 있는 권한을 주는데, 이것은 단지 불만처리의 '치트키' 정도로 활용되는 것이 아니라 고객과의 '진짜 소통'을 위한 전략적 장치라는 점에서 한 발 더 나아간 사례다.

물론 더치브로스는 드라이브스루 중심의 효율적 공간 구성, 고객과 직원 간의 친밀한 스몰토크 문화, 주인의식이 강한 점주와 브랜드의 철학을 제대로 전달할 줄 아는 직원들로 팬덤을 형성하며 성공적이라는 평가를 받고 있다. 그러나 상장 이후 매장 수를 급격히 확대하면서, 점주와 직원 채용 기준이 완화되고 모바일 앱 도입으로 주문이 증가한 반면, 오히려 고객과 직원 간의 감정적 밀도가 낮아지는 역설적인 흐름도 지적되고 있다. 결국 디지털 기술은 오프라인 서비스 기업에서 보조 수단일 수 있어도, 절대로 주인공의 자리를 대체할 수는 없다는 사실을 다시 한번 깨닫게 하는 사례다.

개인적으로도 오프라인 서비스 공간에서의 디지털 기술은 어디까지나 보완재로 존재해야 한다고 믿는다. 키오스크, AI, 챗봇, 로봇과 같은 자동화 시스템이 효율성을 높이는 데 도움이 되는 건 분명하지만, 특히 프리미엄이나 하이엔드 리테일에서는 고객의 감정, 관계, 경험의 마지막 1%는 결국 '사람'이 책임져야만 한다고 생각한다. 그렇게 해야만 브랜드의 진정한 가치가 전달되고, 지속 가능한 매출로 이어지기 때문이다.

실제로 최근 몇몇 글로벌 브랜드가 비용 절감을 목표로 챗봇 도입과 함께 대면 고객상담실을 폐지했다가 오히려 고객 불만과 위기에 직면한 사례가 있다. 한 소비재 기업은 디지털 전환에 지나치게 집중했다가, 고객이 직접 옷을 입어보고 직원의 조언을 듣고자 하는 오프라인 고객 경험의 중요성을 간과한 탓에 매출이 급감하여 급히 다시 오프라인 매장을 확장하는 모습을 보이기도 했다. 결국 '비용 절감'과 '보여주기식 혁신'을 앞세운 디지털 전환의 한계를 명확히 드러낸 사례다.

그렇다면 서비스란 오로지 '사람'만 하는 것일까? 그렇지는 않다. 오프라인 서비스 공간에서 중요한 것은 인적서비스와 함께 효율적인 동선 설계, 청결하고 쾌적한 공간 관리, 잘 갖춰진 제도와 혜택 등 '물리적 서비스'가 조화를 이루는 것이다.

가장 대표적인 사례로 애플스토어를 들 수 있다. 전 세계 어디서든 애플스토어에 들어가면, 고객이 제품을 체험하고 직원과 상담을 하며 결제에 이르기까지의 흐름이 완벽하게 짜여 있다는 것을 체감할 수 있다. 이 정교하게 설계된 동선의 끝마다 브랜드의 감성을 감각적이면서도 세련되게 전달하는 직원이 기다리고 있다. 사실 오프라인 공간을 찾는 고객은 그저 물건을 사러 가는 게 아니다. 브랜드가 섬세하게 준비한 '경험의 흐름' 속에서 자신도 모르게 직원과의 특별한 감정적 연결을 느끼고 돌아온다. 애플스토어에 가본 적이 있다면 이 말을 잘 알 것이다. 분명 아이폰을 사거나 맥북을 둘러보기 위해 방문했을 텐데, 독특한 공간 분위기에 젖어 정신을 차려보니 어느새 오늘 나의 하루 이야기를 처음 보는 직원에게 털어놓고 있는 나를 발견하게 된다. MBTI가 극도로 I(내향적)인 나조차 스스로를 잠시 의심하게 되는 순간이기도 하다.

특히 애플스토어 직원들의 응대는 고객 성향에 따라 발화량을 섬세하게 조절하며 맞춤형으로 이루어진다. 이게 우연이나 타고난 친절함으로만 가능할 리 없다. 현장에서 일하고 교육을 기획해 본 나로서는, 직원의 이 자연스러움 뒤엔 분명히 체계적이고 촘촘한 교육과 훈련이 존재한다는 것을 알고 있다. 결국 이렇게 세심한 공간 설계와 브랜드의 감성을 표현할 줄 아는 직원, 그리고 그곳에서만 가능한 독보적인 경험이 완벽하게 어우러질 때, 고객의 기억 속에서 자연스럽게 브랜드 팬덤이 형성되는 것이다.

서비스의 역할이 점점 더 복잡해지고 있다. 이제는 사람만 잘해서도, 공간이나 시스템만 좋아서도 완벽한 경험이 완성되지 않는다. 결국 이 모든 것이 자연스럽게 어우러질 때 진짜 고객의 마음을 움직이는 서비스가 된다. 이젠 그게 특별한 선택이 아니라 기본 중의 기본이 되어버린 시대다.

그렇기에 서비스에 소홀했던 실패 사례들은 늘 우리가 냉정하게 직시해야 할 경고장 같은 게 아닐까 싶다. 좋은 사례에서 배울 점이 있다면, 아쉬운 사례에선 더 분명하게 깨달아야 한다. 성공의 순간보다 오히려 실패의 장면에서 서비스가 매출보다 우선이어야 한다는 진실이 더 적나라하게 드러난다. 물론 실패했을 때, 그 당장의 고통은 늘 현장 직원이 고스란히 떠안게 되는 것처럼 보이지만, 우리는 그 다음 단계까지도 반드시 볼 수 있어야 한다. 결국 서비스 실패의 진짜 피해자는 고객이다. 조직의 시야가 여기에까지 닿지 않는다면, 이 실패는 반드시 반복될 것이다.

이런 맥락에서 2023년 미국 저비용 항공사 Frontier Airlines 사례는 비용 절감만을 앞세웠을 때 기업의 신뢰와 매출이 어떻게 처참하게 무너질 수 있는지를 적나라하게 보여준다. 실제로 2023년 4월 29일자 Business Insider 등 여러 매체에 따르면, Frontier Airlines는 저비용 구조 유지를 목표로 전통적인 기내 서비스와 직원 교육을 급격히 축소하고, 무료 수하물 서비스 폐지, 콜센터까지 폐쇄하는 등 전방위적으로 비용을 줄이는 정책을 시행했다. 특히 수하물 요금 부과를 직원 인센티브로까지 연결한 정책은 고객 불만을 폭발적으로 키웠고, 이는 결국 서비스 품질 악화로 직결됐다.

신뢰를 바탕으로 한 고객과의 정서적 연결이란 진짜 목표를 잃고, 엑셀 속 숫자만을 쫓던 Frontier Airlines의 모습은, 고야의 그림 속 광기 어린 사투르누스의 표정과 크게 다르지 않았을 것이다. 그들은 매출이라는 자기 권력을 지키려다가 오히려 그 힘의 원천인 고객을 무자비하게 삼켜버렸다. 결국 평판이 추락했고, 실제 탑승률까지 떨어졌으며, 업계 평균의 몇 배에 이르는 고객 불만 수치로 고스란히 증명됐다.

이와 대비되는 최근 대한항공의 변화 역시 서비스에 대한 투자와 관심이 곧 오프라인 서비스 기업의 성패를 결정짓는다는 사실을 분명히 보여준다. 팬데믹 이후 지난 몇 년간 소리 소문 없이, 단계적으로 기내 서비스를 축소해 오던 대한항공은 누적된 고객 불만과 이탈을 더 이상 감당할 수 없는 지경에 이르렀고, 결국 근본적인 서비스 혁신에 나설 수밖에 없었던 것으로 보인다.

2025년 대한항공은 수십 년 만에 기업 이미지CI를 전면 교체하며 단순한 브랜드 리뉴얼 차원을 넘어서 클래스별 서비스 품질을 대대적으로 고급화하는 투자를 시행했다. 특히 일등석과 프레스티지 클래스에는 바카라Baccarat, 베르나르도Bernardaud 같은 세계 최고급 테이블웨어를 도입했는데, 중요한 것은 단순히 비싼 브랜드의 제품을 배치했다는 게 아니라, 이 브랜드와의 협업 과정에서 보여준 대한항공의 태도와 접근 방식이다. 브랜드의 철학과 장인정신, 소신을 대한항공만의 '환대의 미학'과 연결 짓는 과정을 인터뷰를 통해 세밀하게 풀어냈고, 그 의미를 공식 SNS 등 다양한 채널로 적극 소통하며 알리고 있다는 점이 내게는 특히나 인상적이었다.

보수적인 이미지가 강했던 대한항공이 고객에게 보여지는 서비스의 디테일을 완성하기 위해 '왜 이 브랜드여야 하는가'라는 질문부터 명확히 던지고 그 답을 찾는 과정을 고객에게까지 공개적으로 공유하고 있는 것이다. 리뉴얼 이후 내가 직접 대한항공을 이용했던 경험에서도 객실 승무원들이 새로운 테이블웨어 브랜드의 철학과 스토리를 완벽하게 이해하고, 고객에게 자연스럽게 전달하고 있다는 점을 체감했다. 물론 교육을 업으로 하는 사람의 직업병일 수 있지만, 현장 직원들의 세밀한 응대에서 이 변화가 얼마나 깊은 수준의 사전 교육을 거쳤는지 충분히 짐작할 수 있었다.

결국 빛나는 오프라인 서비스 경험이란 단지 값비싼 물건이나 세련된 공간만으로 완성되는 것이 아니라, 그 뒤에 숨겨진 수많은 디테일, 다시 말해 고객의 가치를 대변할 수 있는 브랜드 선택과 경험의 설계, 그리고 현장에서 이를 살아 있는 언어로 전달할 수 있도록 하는 세심한 교육까지, 이 모든 것이 맞물려야 비로소 가능하다는 것을 이번 대한항공 사례는 잘 보여주고 있다.

물론 아직 확신의 언어로 결과를 단정할 수는 없다. 변화의 성적표는 조금 더 시간이 지나야 명확하게 드러날 테니 말이다. 그러나 이번 대한항공의 리뉴얼을 바라보는 업계와 고객들의 반응은 지금까지와는 분명히 다르다는 느낌을 강하게 받는다. 시장은 대한항공이 보여준 이 세밀한 변화와 적극적인 소통, 현장에서의 환대의 태도를 확실히 긍정적으로 받아들이고 있는 듯하다(중앙일보, 2025.5.30).

KPI와 ROI라는 수치만 쫓는 순간 절대 포착할 수 없는 정성적 가치, 즉 고객의 감정선을 건드리고 기억에 남는 순간을 설계하는 것만이 실제 소비의 결정적 트리거가 된다고 확신한다.

최근 오프라인 공간에서 가장 비싸게 지불한 순간을 떠올려보

자. 솔직히 그때 내가 지갑을 연 진짜 이유가 오직 제품의 희소성이나 기능 때문만은 아니었을 것이다.

내 바지 밑단을 정리하기 위해 기꺼이 무릎을 꿇은 럭셔리 브랜드 B사의 직원, 한여름 긴자 한복판 F사 플래그십스토어에서 넥타이를 내 목에 직접 대어주며 쇼핑백을 들고 갈 내 뒷모습을 걱정해 준 직원의 그 사소한 말 한마디. 결국 내가 소비를 결정한 건 제품 그 자체가 아니라 이런 세심한 감정적 연결이었다.

여기서 잠시, 혹시나 누군가 이 얘기에 도통 공감하지 못한다면, 어쩌면 내가 경험하고 보는 세상이 전부가 아닐 수도 있음을 생각해 보면 좋겠다. 쿠팡에서 최저가를 비교하는 게 가장 합리적인 소비라 믿으며, 백화점에서 물건 사는 사람을 도무지 이해할 수 없거나, 직원의 세심한 서비스에 마음이 움직이는 경험 자체가 와닿지 않는다면 말이다. 적어도 오프라인 서비스 기업에서 일하고 있다면, 한 번쯤은 고민해 볼 문제다.

물론, 누가 더 합리적인 소비를 하는지, 누가 더 똑똑하게 지갑을 여는지를 논하려는 건 아니다. 다만 오프라인 서비스라는 업에서 일하고 있다면, 고객이 '왜' 그리고 '어떤 순간에' 이곳에서만 지갑을 열고 싶은지 그 이유를 끊임없이 고민해야 한다는 얘기다.

오프라인 공간에서 소비가 이루어지는 이유는 단지 제품의 가격이나 기능만으로 설명되지 않는다. 직원과 고객 사이에 오가는 미묘한 감정의 흐름, 순간적으로 변화하는 심리, 그리고 오직 그 공간에서만 느낄 수 있는 독특한 분위기가 복잡하게 얽혀 있다. 고객의 마음은 늘 시시각각 변하기 때문에, 정답을 찾는 일은 불가능에 가깝다. 하지만 이 복잡한 감정선을 읽어내려 노력조차 하지 않는다면, 결국 우리가 해야 할 서비스의 본질마저 놓치고 말 것이다.

결국 이 일을 한다는 건, 고객이 수많은 선택지 중 왜 하필 여기, 이 공간, 이 브랜드 앞에서 지갑을 여는지를 진지하게 고민하는 것이 기본값이어야 한다. 그 작은 선택의 이유를 세심하게 읽어낼 때, 현장에 가장 밀착한 전략과 기획이 나올 수 있고, 나는 그렇게 읽어낸 것들을 설득력 있는 현장의 언어로 바꿀 수 있는 교육을 만들고 실현하는 사람이다.

다시 돌아가, 굳이 필요한 물건이 아니어도 그저 소유하는 것만으로 가치를 느끼고, 이용과 동시에 사라지는 무형의 서비스, 즉 항공권이나 호텔 숙박처럼 만질 수 없는 경험에도 기꺼이 비용을 지불하며 행복을 느끼는 사람의 마음을 이해하지 못한다면, 오프라인 서비스 기업에서 일하는 것은 어려울 수 있다고 조심스레 말하고 싶다. 물론 이건 순전히 개인적인 생각이다. 만약 오프라인 소비 자체에서 별다른 가치를 느끼지 않으면서도 고객의 마음을 정확히 읽어낼 수 있다면, 솔직히 말해 정말 부러운 능력이다. 나도 갖고 싶다.

여기서 더 중요한 사실은, 내가 현장의 모든 것을 완벽히 꿰뚫고 있다고 착각하는 순간, 이미 그 현장을 잃기 시작했다는 점이다. 개인적인 경험을 돌이켜봐도 이 부분에 깊게 공감할 수밖에 없다. 조직의 규모가 커질수록 아이러니하게도 고객의 실제 감정과 경험을 놓치고 지나치기 쉬워진다. 덩치가 클수록 민첩성은 떨어지고 둔해지기 마련이다. 그래서 때로는 가볍고 유연하게, 필요에 따라 민첩하게 움직일 수 있는 태도와 순간들이 더욱 절실해지는 것 같다. 특히 서비스 업무에서는 말이다.

결국 '일의 의미' 역시 바로 여기서 비롯된다고 생각한다. 내가 속한 업계와 시장을 직접 소비하며 그 안에서 느끼는 감정의 흐름을 스스로 진심으로 경험해 보지 않고는, 고객의 마음과 경험을 제대로 설계할 수 없다. 오프라인 서비스의 본질은, 내가 곧 고객이고 고객이 곧 나라는 깊은 공감에서 시작할 때만 비로소 완성될 수 있는 것이다.

현장에서, 혹은 일상 속에서 진짜 고객으로 살아보는 경험. "경험을 쌓아야 해!"라는 강박과 부담으로 억지로 체험하는 게 아니라, 내가 진짜로 즐기고 원하는 것을 기꺼이 소비하고, 그 과정에서 느끼는 감정들을 솔직하게 받아들이는 것. 바로 이것이야말로 서비스라는 업의 본질을 진지하게 고민해 볼 수 있는 출발점이 아닐까? 또한 오프라인 서비스 기업에서 오랜 시간을 보내며 얻을 수 있는 가장 강력한 무기일지도 모른다.

물론 언제든 마음만 먹으면 다른 업계나 직무로 옮길 수 있는 사람이라면 이런 고민이 덜할지도 모르겠다. 하지만 수년간 '서비스'라는 영역에서 버텨왔고 앞으로도 이 분야 안에서 전문가로 남고 싶은 나에게, 고객의 시선과 경험을 나의 언어와 몸으로 직접 체득한다는 것은 놓쳐서는 안 되는 가장 강력한 경쟁력, 결국엔 나만의 무기가 될 거라 믿는다.

꼭 사지 않아도 되는 물건, 다른 곳에서도 쉽게 구할 수 있는 그저 그런 아이템이었지만 결국 '어떤 공간에서, 누가, 어떻게' 나를 대했는지, 그 순간의 미세한 감정선이 내 지갑을 열게 한 결정적 이유였다는 이 당연한 얘기를 참 길고 복잡하게 한 것 같다.

요즘의 시장은 더 복잡하고 빠르게 변하고 있다. 그래서 앞으로의 서비스는 지금보다 훨씬 더 어려워질 것이다.

'감정 설계'라는 개념 자체가 서비스의 기본값이 되어버린 시대다. 친절하게 웃고 매너 있는 말투로 고객을 맞이하는 정도로는 이미 부족해진 지 오래다. 이제는 공간의 미묘한 분위기, 직원의 말투와 표정, 눈빛, 심지어 손끝에서 전해지는 아주 작은 감정선까지도 고객의 기억에 깊이 남을 수 있도록 치밀하게 설계해야만 살아남을 수 있다.

앞서 살펴본 더치브로스가 단지 커피를 파는 게 아니라, '우리 브랜드만의 에너지와 특별한 환대의 감정'을 판다고 말하는 이유도 같은 맥락이다. 결국 그들의 서비스 철학이 고객의 마음을 움직였고, 그것이 곧 매출로 증명된 것이다.

내가 직접 오프라인에서 물건을 사면서 느꼈던 소비의 결정적 순간 역시 언제나 철저히 나만을 위해 세심하게 설계된 '대접받은 기억'이었다. 아마 여러분의 기억도 크게 다르지 않을 것이다. 특히 VIP 고객이나 하이엔드 소비층으로 범위를 좁혀보면 더욱 그렇다. 최상위 소비력을 가진 고객일수록 어떤 물건을 샀는지보다는, 그 공간과 직원으로부터 '어떻게 대우받았는지'를 훨씬 더 오래 기억하고 그것으로 다음 소비를 결정한다.

결국, 내가 개인적으로 겪은 경험, 그리고 현장에서 실제로 목격한 장면들이 모여 이 시대가 원하는 서비스의 기준을 만든다는 말이다. 그리고 그런 서비스 기준들이 자연스럽게 현재의 소비 트렌드로 이어지고 있다. 따라서 지금 오프라인 서비스 업계에서 이야기하는 트렌드들은 그냥 유행어나 키워드로 끝나는 게 아니라, 업계가 직접 마주한 현실적 변화이자 해결해야 할 고민의 중심이 되고 있다.

바로 이 지점에서 최근의 소비 트렌드를 조금 더 입체적으로 들여다볼 필요가 있다.

매일 고객을 마주하다 보면 어느새 그들의 존재가 너무 익숙해져 무심해질 때가 있다. 하지만 고객은 결코 무심하지 않다. 그들은 자신이 받은 경험을 매우 세밀하게 기억하고, 그 기억은 냉정한 선택이 되어 다시 소비로 이어진다. 이건 소비심리학이나 고객서비스학을 따로 공부하지 않아도, 우리가 소비자로서 어떻게 브랜드를 선택하고 어떤 경험에 마음이 움직였는지 조금만 돌아봐도 쉽게 알 수 있는 사실이다.

만약 오프라인 서비스 기업에서 일하면서도 내 머릿속에 강렬하게 남는 브랜드나 장면 기억이 하나도 없다면, 지금이야말로 자기만의 시선과 취향을 더욱 날카롭게 세워야 할 때다. 그 성찰과 성장 없이 익숙함에만 계속 머무르려 한다면, 언젠가는 이 업계의 본질과 흐름에서 멀어질 수도 있다는 걸 스스로 자각할 필요가 있다.

이 업계가 정말 나와 맞는지, 아니면 내게 더 어울리는 새로운 영역이 있을지 한 번쯤 스스로에게 물어봐야 하는 순간일지도 모른다.

그래서 오프라인 서비스 기업에서 일하는 나는 늘 이렇게 자문하곤 한다.

"오늘 내가 고객이라면, 이곳에서 지갑을 열 이유가 과연 있을까?"

더치브로스의 성장 배경만 봐도 그렇다. 초창기 스타벅스의 감성과 닮았다는 평가를 받는 이 브랜드 역시, 고객과 직원 간 스몰토크, 즉 짧은 대화를 중심으로 한 응대가 환대 문화의 핵심이다. 드라이브스루라는 좁고 제한된 물리적 공간에서도, 직원과 고객이 짧은 찰나의 순간 감정적으로 연결된다. 바로 그 연결이 브랜드 팬덤의 시작점이다.

물론 비대면을 선호하는 흐름도 있겠지만, 젠지 세대Generation Z나 그 이후의 더 젊은 세대가 본격적으로 소비의 주축으로 등장할 때까진, 아직 조금 더 지켜봐야 하지 않을까 싶다. 내가 실제 현장에서 경험한 바로는 오히려 '물성' 즉 손으로 만지고 직접 느끼며 기억할 수 있는 서비스의 힘이 점점 더 강해지고 있다.

데이터로 트렌드를 읽는 송길영 박사의 분석에서도 이 변화는 명확히 드러난다. 그는 최근 한 칼럼에서, 앞으로 소비를 주도할 젊은 세대일수록 물성의 가치와 감각적 경험, 그리고 브랜드가 전하는 미묘한 결을 훨씬 더 중시하게 될 거라 짚었다(중앙일보, 2025.6.19). 실제로 패션 산업만 봐도, 로고나 프린팅 같은 자극적인 요소로 고객을 끌어당기던 시대는 이제 끝나고 있다. 프라다, 구찌, 발렌티노 같은 브랜드들이 잇따라 책을 펴내며 '읽는 패션'이라는 감각적 서사를 더하는가 하면, 마르지엘라는 세계 곳곳 매장마다 카페와 서점, 전시공간을 덧붙여 브랜드만의 독특한 감성을 전달하는 데 집중하고 있다.

나 역시 최근 상하이에 있는 마르지엘라 매장을 찾았다가, 매장 바로 옆 카페와 젠틀몬스터와 협업한 미디어아트 공간까지 둘러보았다. 제품을 사면 담아주는 쇼핑백의 손잡이마저 의도적으로 너덜너덜 찢어놓은 듯한 느낌을 주었는데, 예전의 나였다면 아마도 “이거 누가 쓰던 거 준 거 아냐?”라며 허술하다 생각했겠지만, 오히려 그 순간 브랜드 특유의 감성을 손끝으로 느끼며 ‘진짜 럭셔리’라는 걸 제대로 체감할 수 있었다.

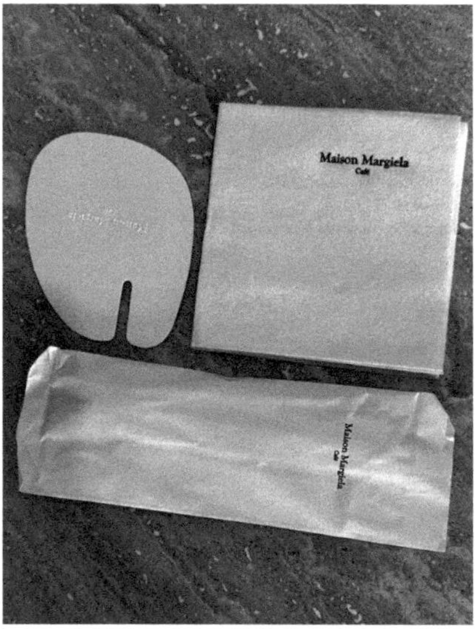

이처럼 앞으로 우리가 기억해야 할 서비스의 본질은 점점 더 인적서비스와 물리적 서비스가 함께 어우러질 때 비로소 완성된다

는 것이다. 빠르게 소비되는 물건을 사든, 이용 즉시 사라지는 항공권이나 호텔 숙박 같은 무형의 서비스를 이용하든, 결국 고객들은 상품 그 자체보다 그 '구매의 경험'에 더 큰 가치를 두는 방향으로 가고 있다.

그래서 나는 진심으로 권하고 싶다. 백화점에서 새로운 브랜드를 발견하며 나만의 취향과 감성을 채워가고, 항공기나 호텔에서 제공받는 서비스의 순간을 즐기고, 제품 간 미묘한 차이를 비교하면서 진짜 행복을 느끼는 사람, 즉 소비의 본질을 온몸으로 즐기는 사람만이 고객의 마음을 제대로 이해하고, 고객의 경험을 설계할 수 있다고.…

반대로, 늘 쿠팡에서 최저가만 찾으면서 리테일 매장의 고객 경험을 설계하겠다는 건, 임직원 할인만 누리고 다른 브랜드는 소비하지 않으면서 고객의 심리를 다 알 수 있다고 착각하는 건, 결국 스스로를 공허한 일만 무의미하게 반복하는 사람으로 만드는 일일지도 모른다. 결국 고객의 경험을 제대로 설계하려면, 가장 먼저 내 스스로 고객의 마음이 되어봐야 한다는 얘기다.

항공 여행을 하지 않으면서 항공사에서 일하거나, 호텔에 사비로 묵으며 서비스를 경험하지 않은 채 호텔 서비스 매뉴얼을 만드는 곳은 결국 진정성 없는 작업의 반복일 뿐이다.

결국 이 모든 이야기의 본질은 내가 곧 고객이고, 고객이 곧 내가 되는 데서 시작된다. 이 단순한 진리가 서비스 업무를 하는 사람에게 가장 기본이면서도 가장 중요한 출발점이다.

이런 개인적 경험과 현장에서 직접 보고 느낀 생생한 감각을 가지고 요즘 소비 트렌드를 다시 바라보면, 그 연결고리가 더 선명하게 드러난다.

Quiet Luxury(조용한 럭셔리)는 더 이상 로고나 과장된 브랜드 노출이 아니라, 섬세하게 설계된 서비스와 내면의 만족을 중시하는 흐름이다. 굳이 드러내지 않아도 공간과 직원의 응대, 디테일 하나하나에 고급스러움이 자연스럽게 배어 있어야 한다.

Old Money 감성 역시 번드르르한 말이나 화려한 제스처 대신, 무심한 듯 정제된 언어와 태도에서 진심이 전해지는 방식을 선호한다. '특별히 당신을 대하고 있다'고 드러내지 않고, 오히려 자연스럽게 고객이 스스로 특별함을 느끼게 만드는 것이 핵심이다.

Emotional Self-Care(감정적 자기돌봄)는 이제 소비 자체가 자기위로, 감정 치유, 심지어는 개인의 정체성을 확립하는 과정으로 이어지는 현상을 말한다. 단순히 상품을 구매하는 것이 아니라, 브랜드가 내 일상의 감정을 돌보는 파트너로 자리 잡는 것이다.

초개인화Extreme Personalization는 오직 나만의 취향과 라이프스타일, 나만의 시간과 리듬에 딱 맞춘 경험에 진짜 충성하는 흐름이다. 이제 '나만을 위한 서비스'는 특별한 옵션이 아니라 당연한 기준이다.

마지막으로 시간의 가치, 팬덤형 소비는 더 이상 단기적인 할인이나 이벤트로 형성되지 않는다. 고객과 브랜드 간에 오랜 시간 축적된 신뢰와 기억을 바탕으로 긴밀한 관계를 맺고, 지속적인 재구매와 지지를 결정하는 새로운 소비의 방식이다.

이 모든 흐름은 결국 서비스의 가치를 진심으로 이해하는 사람만이 읽어낼 수 있다. 그리고 그 시작점은 언제나 내가 고객이 되어, 고객의 시선으로 직접 경험하고 느끼는 데서 출발해야 한다.

오프라인 서비스 시장의 소비자는 앞으로도 예측하기 어렵고, 끊임없이 변할 것이다. 당연히 우리가 제공해야 하는 서비스의 기준과 고객이 우리에게 기대하는 모습도 점점 빠르게 진화할 수밖에 없다. 우리가 다 안다고 착각하는 순간, 바로 그 순간 길을 잃게 될 것이다.

시장을 이끄는 새로운 트렌드는 언제든 모습을 바꿀 수 있지만, 적어도 지금 오프라인 시장에서 읽히는 트렌드들이 가리키는 방향은 분명하다. 그것은 '오프라인 공간'이라는 무대 위에서 브랜드와 고객, 그리고 그

사이를 연결하는 직원들이 만들어내는 수많은 서사와 감정의 흐름, 오직 그곳에서만 경험할 수 있는 특별한 순간들이다. 결국 이 모든 경험과 감성은 고객과 직원 간의 감정적 연결, 즉 '경험과 감정소비'라는 하나의 흐름으로 모이고 있다.

지금 이 시대, 오프라인 서비스 시장에서 고객이 지갑을 여는 결정적인 이유는 명확하다. 공간 속에서 스스로 경험하게 되는 이야기와 현장 직원이 만들어주는 '오직 나만을 위해 세심하게 설계된 감정적 연결'이다. 이 사실을 우리는 절대 잊어서는 안 된다.

다시 말해 고객은 더 이상 상품 자체를 소비하지 않는다. 고객은 '기억에 남는 경험'과 '나를 위한 감정'을 소비한다. 그 기억을 남기고 설계하는 것, 바로 이게 진짜 고객서비스 전략이다.

이제 '서비스는 기본이지'라는 말을 아무렇지 않게 꺼낼 수 있을까? 서비스는 결코 누구나 흉내낼 수 있는 만만한 공식이 아니다.

그리고 숫자의 권력에 취한 채 고객을 삼켜버린 사투르누스가 되지 않으려면, 어둠 속에서 홀로 벽에 광기 어린 진실을 새겨넣던 고야처럼, 스스로 지워버린 고객의 얼굴을 집요하게 다시 그려내야 한다.

숫자 뒤에 감춰진, 결코 쉽게 보이지 않는 그 초상을 직시할 수 있을 때, 비로소 당신은 '서비스'를 입에 올릴 자격이 있다.

PART IV

구조적 솔루션 설계와 미래 로드맵: 다섯 개의 축

문제에서 솔루션으로 - 5개의 축을 도출하며

여기까지 읽었다면, 이 책이 그저 흔한 서비스 매뉴얼이나 직원의 친절함을 논하는 일반적인 지침서가 아니라는 건 분명히 알아차렸을 것이다. 이제 더 이상 문제를 바라보는 데 그치지 않고, 그 구조의 내부로 더 깊숙이 들어가고자 한다. 조직 스스로가 무의식적으로 고객을 삼켜버리는 '사투르누스'의 잔혹한 광기에 더 빠지기 전에, 구조를 근본적으로 전환할 수 있는 명확한 해법을 하나씩 펼쳐 보이고자 한다.

내가 던지는 질문의 초점 역시 여기 있다. 왜, 매일 심정지에 가까운 오프라인 서비스 현실을 마주하면서도 기업들은 그 근본 '구조'를 바꿔야 한다는 주제를 외면하는가? 이건 단순한 프로세스 개선의 문제가 아니다. 어쩌면 조직 전체의 판을 새로 짜야만 해결되는, 생각보다 더 현실적이고 집요한 과제라는 걸 누구보다 잘 알고 있다.

업계에 오래 있었던 사람이라면, 이 책에서 다루는 문제의식이 새롭진 않을 것이다. 이미 알고 있는 사실이지만, 조직 내 공식적인 자리에서는 끝까지 말하지 않는, '관성의 카르텔' 같은 침묵. 현장에서는 서비스의 중요성을 뼛속까지 느끼면서도, 조직 내 결정권자 앞에선 체념하거나 '나 하나쯤 희생해도 어차피 바뀌는 건 없다'는 생각에 잠식된다.

솔직히 나라고 해서 이 산업의 변화를 위해 숭고한 사명감을 가진 것도 절대 아니다. 현실 앞에서 누구보다 더 주저하고, 매일 타협하며 일한다. 좀 더 솔직히 말하자면, 나는 조직이나 일보단 오롯이 나 자신을 위해 일 외적인 나의 시간에 더 집중하는 사람이다. 철저히…

그럼에도 불구하고, 항공, 호텔, 리테일, 브랜드 매장, 레스토랑 등 수많은 오프라인 공간, 브랜드, 그리고 그 공간을 움직이는 사람들의 결정적 순간을 직접 현장에서 경험했다. 나는 서비스 예산이 줄고, 투자가 '불필요한 비용'이라는 이름 아래 사라지는 걸 수도 없이 봐왔고, 보고 있다. 이대로라면 정말 '심정지'라는 단어가 과장이 아니라는 것을 뼈저리게 체감했고 할 수 있다.

실제로 경영진, 본사 직원, 현장에 있는 백오피스 직원, 그리고 서비스 관련 학문을 연구한 사람 중에서 오프라인 서비스 현장의 치열함을 경험까지 동시에 해본 사람은 극히 드물다. 현장과 본사, 실무와 전략, 감정과 데이터, 이 모든 층위가 서로를 얼마나 다르게, 그리고 때론 아주 어색하게 바라보는지 매번 부딪히면서도, 그 균열을 말하는 사람이 많지는 않다.

미세한 온도 차이와 균열이 쌓이면 조직은 스스로를 집어삼킬지도 모른다. 자신의 지위를 지키기 위해 가장 소중한 자식을 집어삼킨 사투르누스처럼, 숫자와 효율성이라는 권력에 매몰된 조직은 결국 자기 손으로 고객이라는 존재를 파괴하고 있음을 깨닫지 못할 것이다. 고야의 그림이 내가 버텨온 오프라인 서비스 업계의 조직 현실과 너무나도 겹쳐진다.

현장과 본사의 '언어 불일치'를 집요하게 목격해 왔다. 그리고 그게 결국엔 서비스가 무너지는 진짜 원인임을 실감했다. 팬데믹 이후의 시장은 그야말로 한 번도 경험하지 못한 거대한 변화의 시작이 됐다. 나는 그래서 지금 이 시점에, 문제제기를 넘어 구조의 미세한 틈을 파고들어, 판을 근본적으로 다시 짤 수 있는 구체적이고 실질적인 해법을 나름대로는 집요하게 고민했다.

그래서 이 PART에서는 더 이상 '현장만의 문제' '본사만의 책임'을 따지지 않는다. 오프라인 서비스, 리테일, 호스피탈리티, 항공, 호텔, 브랜드, 어떤 업계든, 어떤 업태든, 지금은 구조적 변곡점 위에서 정말 변화의 시작을 자극할 수 있는 해법이 필요하다고 생각한다. 이 파트에서 나는 "구조적 솔루션 설계와 미래 로드맵: 다섯 개의 축"이라는 이름을 짓고, 그 아래 프레임워크를 제시한다.

이 다섯 축으로 나눈 이유는 분명하다. 숫자라는 광기에 사로잡혀 자기 존재의 근원인 고객을 스스로 삼켜버린 사투르누스가 되지 않기 위해서다. 조직은 이제 숫자의 권력이 지워버린 고객의 얼굴을 집요하게 다시 들여다봐야 한다. 그렇지 않으면, 자신이 만든 숫자의 블랙홀 속에서 영영 빠져나올 수 없게 될 것이다.

지금은 아무리 똑똑한 조직이라도 단 하나의 관점이나 한 방향의 해법으로는 이 복합적이고 기묘한 위기를 절대 넘을 수 없는 시대다. 나는 현장에서 얻은 수많은 경험과 직관을, 글로벌 리서치와 연구논문을, 유럽 · 일본 · 북미 · 중국 등 선진 시장의 생생한 사례를, 그리고 전국을 돌며 직접 듣고 마주한 고객과 현장 직원의 목소리를 겹겹이 교차시켰다. 그리고 서비스가 무너질 때마다 반복적으로 등장하는 다섯 개의 미세한 균열을 찾아냈다.

(1) 권한(Empowerment): 실질적 권한 위임의 구조화

현장 직원에게 실질적인 결정 '권한'을 위임하는 문제는 단순히 몇 가지 업무를 위임하고 끝나는 문제가 아닐 것이다. 진정한 권한 위임은 현장의 판단력과 책임감을 높이고, 인적서비스와 더불어 물리적 서비스의 품질을 모두 높이는 직접적이며 가장 본질적인 솔루션이다.

그러나 권한을 주는 것만으로는 완전한 성공을 보장하지 못한다. 권한이 제대로 작동하려면, 현장의 인력 운영 방식부터 실제적으로 바뀌어야 한다. 따라서 권한 위임은 단지 책임을 늘리는 게 아니라, 현장 직원의 자율적 판단력이 조직 안에서 실질적으로 작동될 수 있도록 시스템 자체를 재설계하는 것을 의미한다. 하지만 권한은 독립적으로는 성공할 수 없고, 현장의 실제 '인력 운영 구조'의 변화까지 자연스럽게 필요해지게 된다. 그래서 우리는 권한을 준다는 의미를, 단지 더 많은 책임을 떠맡긴다는 차원을 넘어 현장 직원의 자율적 판단력이 조직 안에서 실질적으로 작동될 수 있도록 만들고, 이것이 다시 현장 인력 운영의 유연성과 구조적 균형까지 고려한 시스템 재설계로 이어져야 한다.

(2) 운영(Operation): 집중과 순환의 구조적 균형

권한 부여 이후 다음 단계는 권한을 위임받은 직원들이 실질적으로 그 권한을 충분히 발휘할 수 있는 인력 운영 방식을 만드는 것이다. 운영 구조는 곧 현장의 리듬을 결정짓는 요소라고 확신한다. 한 가지 일만 반복적으로 맡겨 전문가를 키울지, 아니면 여러 업무를 순환하며 다방면의 능력을 키울지, 즉 '집중과 순환' 사이의 최적점을 찾기 위해 고민하는 단계이다.

서비스 품질과 인력의 성장은 이 최적점에 따라 달라질 것이고, 여기서 찾은 해법은 직원 개인의 성장뿐 아니라 결국 우리가 그토록 바라는 숫자로 찍힌 성과와 매출까지 직결될 것이다. 그러나 인력 운영의 구조가 아무리 유연해지더라도 본사와 현장의 연결이 단단하지 않다면 결국 다시 같은 문제로 회귀할 수밖에 없다.

(3) 연결(Pairing): 서비스 페어링으로 본사-현장의 벽 허물기

오프라인 서비스 업계의 구조적 접근은 늘 현장에만 문제가 있는 것처럼 집중된다. 하지만 현장의 성공은 현장 혼자 만들 수 없다. 절대 불가능하다. 본사와 현장 사이의 '벽'을 그대로 두고는 아무리 권한을 주고 운영을 개선해도 한계는 명확하다.

그래서 이 벽을 조금이라도 얇게 만들어야 한다. 절대 허물 수는 없다는 현실을 알기에 두께라도 줄여야 한다고 말하는 것이다. '서비스 페어링Service Pairing'이라는 새로운 개념으로 본사와 현장이 서로 역할을 바꿔 장기적으로 연결되는 구조적 해법을 제안한다.

이 과정에서 서로의 시각과 입장, 한계를 이해하는 동시에 조직 내부의 신뢰와 연대감이 조금이나마 형성될 수 있지 않을까 싶다. 하지만 단지 연결과 이해만으론 부족하다. 현장과 본사를 하나로 묶어내는 객관적 지표라는 측정의 장치가 어쩔 수 없이 조금은 필요하다.

(4) 측정(Measurement): 감정과 데이터의 융합을 통한 KPI 재정의

현장에서 얻은 날것의 감정 데이터를 활용한다. 이 데이터는 더 이상 기존의 만족도 점수나 VOC를 점수화한 방식으로는 쓰이지 않는다. 대신 직원들이 진짜로 공감할 수 있고, 조직이 실질적 변화를 만들어낼 수 있는 새로운 형태의 KPI로 재구성했다.

하지만 아무리 새로운 방식의 숫자라도, 우리가 지향해야 하는 오프라인 서비스 현장의 진짜 고객 경험이라는 목표와 연결되지 않는다면, 결국 그 숫자 또한 공허할 뿐이다.

(5) 정착: 경험소비의 재정의와 지속 가능한 문화 설계

지금 업계에서 경쟁적으로 외치는 '경험'은 사실 고객이 진정으로 원했던 게 아니라, 기업이 쉽게 팔 수 있도록 포장한 하나의 상품처럼 느껴진다. 막연히 만들어진 인위적 경험을 고객에게 강요할 것이 아니라, 고객이 진짜 원하는 것이 무엇인지 존중하며, 현장 직원들이 자신의 감정과 선택을 스스로 결정할 수 있는 구조를 만드는 게 핵심이다. 그렇게 서로를 향한 존중과 배려가 조직 전체에 자연스럽게 자리 잡아야만, 서비스라는 개념 자체가 지속 가능한 문화로 '정착'될 수 있을 것이다.

이 다섯 개의 축은 각각 독립적으로 움직이지만, 실제로는 하나의 유기적 흐름으로, 오프라인 서비스 현장이 어떤 업계인지와는 무관하게 끊임없이 순환해야 한다고 생각했다. 현장과 조직, 그리고 고객을 단순히 선형적으로 나열하는 게 아니라, 입체적이고 복합적인 네트워크로 해석할 때 비로소 힘을 갖는다. 그래서 이 다섯 단계를 순서대로, 동시에 입체적으로 풀어내고자 노력했다.

실무자부터 결정권을 가진 경영진, 학계 연구자나 서비스 직무자까지, 누구든 자기 조직과 현장에 따라 '각자의 문제'에 맞는 방법으로 자유롭게 가져가 활용하고 고민의 과정에 참고할 만한 프레임워크의 형태로 제시했다.

솔직히 문제 제기에 이어 솔루션 파트까지 써 내려가는 동안, 나 역시 수도 없이 멈췄고 흔들렸다. 문제를 지적하는 일은 사실 그다지 어렵지 않다. 업계 종사자라면 누구나 할 수 있을 것이다. 하지만 단지 문제를 제기하는 수준에서 멈춘다면, 그건 누구나 할 수 있는 얘기이거나, 조직 내에서 그저 '불만 많은 낭만주의자' 정도로 치부되고 말 것이다.

나는 거기서 더 나아가고 싶었다. 곪아 터지기 직전인 이 업계의 문제를 그대로 방치하면 결국 돌이킬 수 없는 심정지 상태에 이를 수 있음을 너무 잘 알고 있기에, 조금이라도 구조가 나은 방향으로 갈 수 있는 실질적 솔루션을 찾으려 했다. 적어도 현실을 바꾸고자 하는 사람들에게 구체적이고 명확한 힌트가 될 만한 프레임워크를 제시하고 싶었고, 그렇게 여러 단계의 집요한 고민이 모여 지금의 결과를 만들었다.

쉬운 과정이었을 리 없다. 문장을 쓰고 지우길 수백 번 반복하며 며칠 밤을 꼬박 지새웠다. 늘 밤 10시면 잠들 정도로 규칙적인 편이지만, 어느 순간부터 밤새 맑게 깨어 키보드를 두드리는 일에 익숙해졌다. 이 책을 쓰는 내내 머릿속엔 단 하나의 질문만이 맴돌았다.

'이걸로 정말 이 업계 현장의 온도를 단 1°F라도 올릴 수 있을까?'

그 질문의 무게는 지금 이 순간까지도 내 어깨를 누르고 있다. 물론 이 책 한 권으로 오프라인 서비스 업계의 모든 문제를 완벽하게 해결할 수 없다는 걸 나도 잘 안다. 내가 내놓는 답이 유일한 정답이라고 말할 수도 없다. 하지만 적어도 누군가 문제를 정확히 바라보게 하고, 변화를 시작하고 싶다는 마음을 품게 하며, 그 방법을 몰라 막막할 때 분명히 유의미한 힌트 정도는 될 수 있다고 생각한다.

만약 그 정도의 역할만이라도 이 책이 할 수 있다면, 이렇게 긴 고민의 시간을 견딘 보람은 충분히 있을 것이다.

이제 그렇게 완성한 솔루션을 하나씩, 현실의 문제를 파고드는 집요함으로 펼쳐 보이려 한다.

9장

권한의 무게, 구조의 온도

(1) 점과 선 - 무너진 구조를 다시 그리는 이유

지금까지 우리는 현장 직원의 태도 문제에만 집착하는 이 업계의 시선에서 벗어나, 서비스 위기의 근본 원인은 조직 내부의 구조적 붕괴에 있음을 집요하게 짚어봤다. 현장과 본사, 그리고 고객까지도 이 위기의 공범이며, 방치된 '돌아오지 않은 서비스'의 면죄부가 조직 전체를 어떻게 병들게 하는지 명확히 드러냈다. 동시에 서비스가 단순한 비용이 아니라 매출을 끌어내는 결정적인 트리거라는 점을 데이터로 증명하는 데 노력했다.

물론 누군가는 내 시각과 주장에 동의하지 않을 수도 있다. 그러나 이 책의 모든 문장과 단어는 지난 15년간 오프라인 서비스 업계를 온몸으로 버티며 경험한 나만의 기록이며, 업계의 본질을 치열하게 직시한 고민의 흔적이다.

그렇다고 단지 문제 제기만 하고 끝내는 무책임하고 불만으로 가득 찬 비판자는 되고 싶지 않다. 지금부터 내가 써 내려가는 것은 무너져 내려 이미 심정지 상태에 이른 오프라인 서비스를 어떻게 되살릴 수 있을지 고민하고 모색한, 내 나름의 시간과 노력을 쏟아낸 흔적이다.

결국 이 장의 주제는 단순명료하다.

'어떻게 구조를 바꾸고, 현장에 실질적인 권한을 부여하여 서비스의 심장이 다시 뛰게 할 수 있을 것인가?'

(2) 유일한 정답은 없다, 다만 작은 불씨가 되기를

다만 본격적인 솔루션을 이야기하기 전에, 이 장부터 마지막 장까지 제시하는 모든 해법은 내 개인의 경험과 통찰을 기반으로 국내외 다양한 선진 사례와 학술 연구를 교차 검증한 후 다듬어낸 것임을 분명히 밝힌다.

이 말을 먼저 하는 이유는 간단하다. 백화점, 항공사, 호텔, 브랜드 매장 등 오프라인 서비스 기업은 각각의 상황과 인프라, 조직문화가 완전히 다르다. 이 책에 담긴 내용이 어느 업장에나 바로 대입할 수 있는 절대적인 솔루션일 수 없고, 또 그래서도 안 된다. 어디까지나 이 아이디어들은 '우리 조직의 현실에 맞게 다시 생각하고 재해석할 수 있는' '참고점' 정도로만 바라봐야 한다는 뜻이다.

고객의 기대와 욕망이 분 단위로 변화하는 지금, 이 책 역시 유일한 정답이 될 수는 없다. 독자인 업계 종사자 각자가 자신이 속한 조직의 특성과 상황을 충분히 고려해 유연하게 받아들이고 응용하는 데 조금이라도 유용하게 쓰이길 바랄 뿐이다.

솔직히 말해 이 책을 쓴 가장 큰 이유는 내가 제시한 해법이 '정답'이라고 주장하기 위해서가 아니다. 오히려 내가 정말 바라는 것은 이 내용이 오프라인 서비스 시장이 조금이라도 더 나은 방향으로 움직이는 과정에서의 작은 점, 혹은 아주 작은 불씨가 되는 것이다.

(3) 반 고흐, 점묘법으로 이어질 희망

잠시 사담을 더하자면, 나는 글을 쓸 때 그 어떤 작가의 글보다 반 고흐의 미술 작품에서 더 깊은 영감과 울림을 받는다. 반 고흐의 원화 전시가 열린다면 폐막일까지 매주 전시장을 찾아갈 정도이며, 네덜란드로 향하는 비행기 티켓 값도 아깝지 않을 만큼 열렬히 사랑하는 작가다. 그의 작품이 특히 매력적인 건, 밝음과 생명의 이면에 죽음과 우울을 절묘하게 숨긴 이중적인 표현 방식 때문일지도 모른다. 많은 사람들이 좋아하는 점이기도 하다.

혹시 반 고흐가 사용한 점묘법Pointillism을 아는가? 수천, 수만 개의 작은 점들이 모여 선과 면을 이루며 한 폭의 그림을 완성하는 기법이다. 그림 전체의 완성도를 결정하는 이 원리는 내가 바라보는 서비스의 본질과 매우 닮아 있다. 사실 이 얘기를 내가 강의할 때마다 자주 꺼내기에, 나를 잘 아는 사람이라면 지겹다고 할지도 모르겠다.

하지만 내 목소리 하나가 지금은 들리지 않을 정도로 작고 미약한 점에 불과할지라도, 그 작은 점들이 모여 결국 하나의 선이 되고 면을 이루며 조직 전체가 서비스의 본질을 제자리로 돌려놓게 될 날이 반드시 올 거라는 믿음을 나는 절대 버리지 않는다. 누군가에겐 낭만적인 헛된 꿈처럼 보일 수 있겠지만, 나에게는 아주 단단하고 확실한 희망이다. 그 희망이야말로 현장 직원 모두에게 정당한 권한과 역할을 부여하는 가장 강력한 토대가 될 것이라 믿는다.

가끔 조직이라는 현실 속에서 나 자신이 더없이 낭만적인 사람이라는 사실을 깨닫곤 한다. 이 책은 그런 내가 오프라인 서비스라는 차갑고 딱딱한 현실과 끊임없이 마찰하며 남긴 작은 기록일지도 모르겠다. 그러니 이 솔루션 파트를 존재하지 않는 완벽한 정답을 찾으려는 부담스러운 마음으로 읽지 않았으면 한다.

이제 이 장부터 본격적인 솔루션을 제시하려 한다. 가장 먼저 내가 강조하고 싶은 것은 단순히 조직의 틀을 바꾸는 차원을 넘어, 현장에 진정한 '권한'과 '책임'을 실질적으로 이양하는 일이 얼마나 중요한지에 대한 것이다. 결국 현장에서 서비스 품질과 고객 경험을 실질적으로 끌어올리려면, 반드시 현장에 제대로 된 힘과 권한을 부여해야 한다는 점이 이 장의 핵심이다.

단순히 작고 사소한 결정 권한을 현장에 위임하는 것이, 당장 추가되는 비용 그 이상의 의미를 갖고 있다는 점을 명확히 보여주고자 한다. 현장의 권한이 결국 고객 충성도와 매출로 연결되는 핵심 동력이라는 것을, 국내외 다양한 성공 사례를 통해 입증하고, 그

것이 우리 조직에 어떻게 적용될 수 있을지 현실적인 방안을 제시할 것이다.

(4) 권한의 무게 - 책임과 자유 사이의 균형점

현장에서 일하며 자주 느낀 건, 고객의 경험과 만족이 사실상 매우 작고 미세한 결정과 행동 하나에 크게 좌우된다는 사실이다. 문제는, 이런 중요한 순간의 결정이 현장 직원의 손이 아닌 본사의 복잡한 승인 구조에서 대부분 결정된다는 점이다. 고객 역시 이미 이 구조를 잘 알고 있다. “당신 말고 권한 있는 사람 없어?” “본사 담당자 연락처 내놔”라는 말이 나오는 이유가 바로 그것이다.

그렇기에 ‘권한 부여’라는 개념부터 정확히 정리하고 시작하고 싶다. 권한 부여란 단순히 ‘현장 마음대로 하라’는 식의 방치가 아니라, ‘책임’과 ‘권한’을 동시에 주는 일임을 강조하고자 한다. 권한을 행사할 때는 그에 따른 책임도 따른다는 사실을 명확히 해야 한다는 얘기다.

여기서 최근 오프라인 서비스 업계에서 흥미롭게 본 몇 가지 사례를 소개하고자 한다. 이를 통해 왜 우리가 현장에 권한을 부여해야 하는지, 그리고 그 권한이 어떤 성과를 만들어내는지 확인할 수 있다.

① 스타벅스 - 현장 직원이 만드는 고객 경험의 디테일

미국 스타벅스는 파트너라고 부르는 직원들에게 고객 불만 처리와 메뉴 커스터마이징에 상당한 재량권을 부여하고 있다. 국가마다 운영 방식이 조금씩 다를 수 있지만, 적어도 미국 스타벅스의 경우 현장 직원이 고객의 특별 요청을 일정 수준 내에서 자율적으로 반영할 수 있게 하고 있다. 우리가 그렇게도 무서워하는 비용이 드는데도 말이다. 또한 고객이 서비스 과정에서 불만을 느끼는 경우, 즉각적으로 현장 직원이 할인이나 무료 음료 제공 등의 결정을 내릴 수 있도록 했다.

이러한 권한 부여를 오로지 '비용 발생' 관점으로만 바라보는 사람도 분명 있을 것이다. 특히 숫자를 다루는 부서에 있는 다수의 사람들은 더 그럴 수 있다. 하지만 서비스 현장에서는 이런 권한이 단순히 비용이 아니라, 고객 충성도를 높이고 재방문율을 끌어올려 결과적으로 더 큰 매출을 만들어낸다는 사실이 이미 여러 데이터로 증명되었다(Harvard Business School, 2014).

이 보고서에 따르면, 직원에게 권한이 부여되자 고객 만족도가 15% 이상 상승했고, 그에 따른 재방문율은 10% 이상 증가했다. 직원들의 업무 몰입도 역시 25% 높아졌고, 이직률은 최대 22%까지 감소했다. 즉, 권한 부여는 비용이 아니라 확실한 '투자'라는 것이다.

② 도큐핸즈 – 현장의 민첩성이 만들어낸 차별화된 경험

국내 리테일 업계가 특히 좋아하는 일본의 사례로 도큐핸즈를 들 수 있다. 도큐핸즈는 직원들에게 상품 구성, 고객 대상 이벤트 기획, 그리고 지역과 점포별 고객 성향에 맞춘 응대 방식까지 자율적으로 결정할 수 있는 폭넓은 재량권을 주었다. 복잡한 본사 승인 없이도 현장에서 즉시 프로모션을 실행할 수 있게 한 것이다.

이런 권한 부여의 진짜 가치는, 지역과 점포마다의 색깔이 반영된 희소성 있는 특화 서비스가 탄생할 가능성이 크다는 데 있다. 각 점포가 자신만의 고객층에 맞춰 자율적으로 실험한 서비스 경험이 쌓이면 경쟁사에선 절대 쉽게 모방할 수 없는 독창적 경험이 탄생하게 된다. 내가 현장 교육을 진행할 때 가장 강조하는 성향 맞춤형 응대 전략이 바로 이와 같은 방식이 아닐까 싶다.

그러나 우리가 이미 너무 잘 알고 있는 현실은 본사와 현장 사이에 놓인 깊은 불신과 경직된 구조로 인해, 권한 부여를 '탈취'로 보는 시선이 여전히 존재한다는 점이다. 이제 정말 우리가 원하는 건 본사에서 만든 홍보물에 몇 줄의 문구나 이모티콘만 바꿔 맞춤화했다고 여기는 수준이 아니다. 지금 시대가 원하는 '진짜 현장'은 더 거칠고 빠르게, 고객의 반응에 따라 즉각적으로 움직일 수 있는 민첩한 대응력이다.

③ 중국 알리바바의 허마셴셩(Hema Fresh) - 데이터 기반의 실시간 의사결정

내국인의 해외여행 시장이 일본에서 중국으로 압도적으로 기울고 있다. 일본에 싫증을 느낀 단거리 선호 여행객들의 발길이 중국으로 이동한 덕이다. 우리가 미처 몰랐던 사이, 내가 보고 느낀 최근 중국의 오프라인 공간은 고급 마감재와 압도적 규모로 이미 한국을 앞서간 것 같다는 것이다.

이것도 일종의 직업병인지 모르겠다. 해외여행을 갈 때마다 공간이 주는 물리적 요소부터 사람의 손끝에서 나오는 인적서비스의 품질까지, 자꾸만 평가하고 분석하게 된다. 좋은 서비스엔 끊임없이 그 이유를 찾아내고 싶고, 반대로 아쉬운 경험을 할 때면 '도대체 왜?'라는 물음을 놓지 못한다. 한국의 상황과 비교하는 것도 거의 습관처럼 몸에 밴 것 같다.

중국 여행의 경험에서 느낀 것은 물리적 서비스가 기대를 훨씬 뛰어넘었을 뿐 아니라, 개인적인 판단이지만, 인건비가 국내 사정보다는 여유 있는 덕분인지 한층 넉넉한 인력 배치로 인해 여유에서 배어 나오는 인적서비스의 품질 유지가 두드러졌다. 상하이나 베이징 같은 대도시를 다녀온 이들과 경험을 나눠보면, 그 매력이 얼마나 강렬했는지를 금세 공감하게 된다. 나도 올해만 이미 상하이에 두 번을 다녀왔으니 말이다.

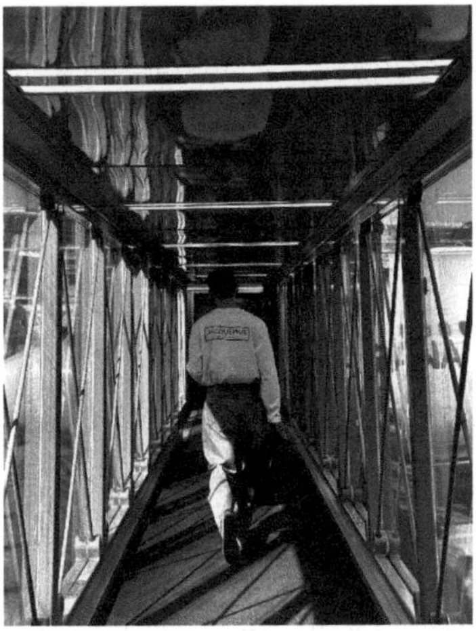

이제 우리가 주목해야 할 오프라인 서비스 혁신의 무대는 단연 중국이다. 알리바바의 허마셴셩Hema Fresh, 盒马鲜生은 매장 직원이 AI 기반의 재고 현황과 고객 데이터를 실시간으로 확인하여 프로모션 기획과 세부 운영 결정을 자율적으로 할 수 있도록 조직을 완전히 재편했다(South China Morning Post, 2018; 동아비즈니스리뷰(DBR), 2020). 예를 들어 고객이 별도의 요청사항을 전달했을 때, 직원은 본사의 복잡한 승인 절차 없이 현장에서 즉각 AI가 제공하는 실시간 데이터를 활용해 명쾌한 해결책을 제시한다. 심지어 고객의 불만이 발생하더라도, 직원은 본사를 거치지 않고 현장에서 바로 보상안을 마련하고 실행할 수 있는 권한까지 갖고 있다. 허마셴셩이 보여주는 혁신은 단순히 현장에 권한을 조금 나눠주는 차원을 넘어선다.

허마셴셩의 사례는 오프라인 서비스가 나아가야 할 새로운 방향을 제시하고 있다. 다만 여기서 잊지 말아야 할 중요한 포인트는, 이런 권한과 실시간 데이터가 제대로 힘을 발휘하기 위해선 조직 전체가 현장의 자율적 판단을 진심으로 신뢰하고, 직원들이 데이터를 적극적으로 활용하도록 지원하는 유연한 조직문화와 시스템적 기반이 반드시 갖춰져야 한다는 점이다. 이런 구조적 신뢰와 유연성이 없다면 아무리 훌륭한 권한이라 해도 현장에서는 무용지물이 될 뿐이다.

④ 웨그먼스(Wegmans) - 고객 중심 권한 부여의 정석

미국의 슈퍼마켓 체인 웨그먼스는 현장 직원에게 고객서비스와 관련된 폭넓은 자율권을 주기로 유명하다. 웨그먼스의 철학은 '직원 권한 부여'가 아니라 명확히 '고객 중심의 권한 부여'다. 단순히 현장 직원에게 맡겨두는 것이 아니라, 직원들을 고객 경험을 설계하는 전문가로 대우하고 그에 맞는 권한을 지속적으로 확대하고 있다(Great Place To Work, 2023).

이러한 접근은 고객과의 즉각적인 소통과 현장 문제 해결을 위한 핵심 전략이다. 웨그먼스는 직원이 단지 일하는 사람이 아니라 '고객 경험 설계자'라는 인식을 조직 전체에 뿌리내리게 했다. 이 얼마나 부러운 이야기인가. 반면 우리나라의 현실은 어떤가? 오프라인 서비스 현장에서 고객을 직접 마주하는 현장 직원들에 대한 일반적인 인식은 업무 난이도가 낮으니, 처우가 낮아도 당연하다는 수준에 머물러 있다. 그러면서도 그들에게는 전문적인 응대로 매출을 만들어내라고 기대한다. 아이러니가 아닐 수 없다.

이 사례들이 공통으로 말해주는 것은 명확하다. 현장에 권한을 부여하고 실질적인 책임감을 심어주는 것이 서비스 품질과 고객 경험을 근본적으로 바꿀 수 있는 가장 현실적인 솔루션이라는 점이다. 다만 권한 부여가 병목 현상으로 이어지지 않으려면, 조직 전체가 현장을 신뢰하고 책임과 권한 사이의 균형을 명확히 잡아주는 것이 필수이다.

(5) 권한 부여, 정착을 위한 조직의 자세

오프라인 서비스라는 거대한 무대를 상상했을 때, 앞서 언급한 점묘법의 미학처럼 작은 점들이 모여 선을 이루는 것이 바로 '권한 부여'가 현장에 생명을 불어넣는 방식이라고 믿는다. 하지만 그 점들이 너무 많은 무게를 감당하게 되면 선은 꼬이기 시작하고, 전체의 움직임은 둔해질 수밖에 없다.

지극히 개인적인 생각이라 특정 기업의 사명을 밝히긴 어렵지만, 요즘 오프라인 서비스 업계에서 가장 '잘하고 있다'고 느껴지는 기업들은 대체로 몸이 가벼워 보인다. 여기서 '가볍다'는 표현은 결코 부정적이지 않다. 오히려 나비처럼 우아하고 자유로운 움직임을 연상시킨다. 급변하는 시장 환경 속에서 무거운 몸집의 조직은 둔하고 느리게 움직일 수밖에 없다. 반면, '가벼운' 기업은 다양한 시도를 주저하지 않고 고객이 무엇을 원하는지 세심하게 귀 기울이며 유연하게 움직인다.

반대로 무겁고 큰 조직일수록 과거의 성공 방식에 집착한다. 할인이나 이벤트로 모든 문제가 해결될 거라 착각한 채, 고객이 진정 원하는 것이 무엇인지 깊이 이해하지 못한다. 새로운 시도를 하려 해도 복잡한 승인 절차와 느린 의사결정에 묶여 결국 '하던 대로'만 반복하게 된다. 지난 15년 동안 여러 조직을 겪으면서 지켜본 나의 경험담이다. 결국 그런 조직은 변화의 흐름에서 점점 뒤처지고, 고객 경험 혁신 역시 멀어진다.

무거우면 움직일 수 없고, 너무 가벼우면 쉽게 흩어진다. 이 균형이 무너지면 현장에 권한을 주는 것이 오히려 병목이 되어 숨통을 조일 수 있다. 이제는 문제 제기에서 그치는 것이 아니라, 솔루션 파트에서 이 현실을 인정하고, 무게를 분산시키며 유연하게 움직일 수 있는 새로운 설계법을 탐구해야 한다.

이런 맥락에서 권한 부여는 흔히 생각하는 자유방임이나 일회성 비용 처리가 아니다. 책임감과 함께 현장에 권한이 주어질 때, 직원들은 스스로 고객 경험을 설계하고 주도적으로 움직일 수 있는 힘을 얻게 된다. 이것이야말로 단순히 나 같은 위치에서 '친절하라'는 교육과 주문을 넘어, 우리가 원하는 매출을 달성할 수 있도록 고객서비스가 세밀히 설계되는 과정임을 인지해야 한다. 본사가 현장에 간식비를 몇만 원 더 주는 수준의 지원이 아니라, 현장 직원이 능력을 발휘할 수 있는 환경을 만드는 진정한 지원이어야 한다.

하지만 언제나 그렇듯, 오프라인 서비스 현장의 현실은 결코 녹록지 않다. 국내의 최신 연구에서도 현장 직원이 겉으로만 감정을 꾸미는 '표면행위'를 할수록 직무 만족과 서비스 품질이 낮아지고, 반대로 자신의 진짜 감정을 녹여내는 '심층행위'는 직무 만족과 서비스 품질을 모두 높이는 것으로 나타났다(박일순, 2025). 결국 이는 직원이 진정으로 감정을 소화하고 업무에 대한 권한까지 제대로 행사할 수 있어야만, 고객 경험 역시 제대로 설계될 수 있음을 명확히 보여준다.

이처럼 표면적인 권한 부여와 경직된 환경이 계속된다면, 현장 직원들의 업무 몰입도는 떨어질 수밖에 없고, 결과적으로 높은 이직률을 초래하는 악순환으로 이어질 뿐이다. 서비스 품질이 떨어지면, 매출도 떨어질 수밖에 없다. 조직문화가 경직되고 위계적 지시만이 존재하는 환경일수록, 직원들은 '할 수 있는 일'과 '해야 하는 일' 사이에서 방황한다. 항공사부터 리테일까지, 내가 몸으로 겪어 온 경험으로 증명할 수 있다. 결국 권한 부여의 진짜 장벽은 제도나 정책이 아니라 조직에 깊숙이 자리 잡은 문화와 커뮤니케이션의 부재다.

권한 부여가 성공적으로 정착하려면, 우선 결정권을 가진 경영진부터 본사 직원까지 모두가 현장 직원에게 권한을 부여하는 일의 중요성을 명확히 인식해야 한다. 하지만 인식만으로 충분하지 않다. 이어지는 단계로 '교육'과 '지원 인프라 구축'이 반드시 뒤따라야 한다.

즉, 현장 직원이 실질적으로 권한을 행사할 수 있도록 본사와 현장의 역할 및 책임을 명확하게 분배하고, 혁신적인 조직인 양 잠시 보여주기 위한 이벤트성의 일시적 조치가 아니라 지속 가능한 '메커니즘'으로 조직 내에 안정적으로 정착시켜야 한다. 이 메커니

즘은 권한이 제대로 작동하게 하는 운영 프로세스를 포함해야 진짜 현장에 뿌리를 내릴 수 있다.

이를 조금 더 이해하기 위해 조금 더 구체적으로 정리한 프로세스는 다음과 같다.

현장 권한 부여를 위한 본사의 역할과 노력

단계	본사의 역할	구체적인 방법
1	권한에 대한 확신 심어주기	권한을 행사하면 어떤 긍정적 변화가 일어나는지, 현장 직원이 충분히 느낄 수 있도록 성공 사례와 근거를 주기적으로 공유하고 교육한다.
2	현장의 불안감 덜어주기	권한 사용 시 어려움을 겪을 때 본사가 즉시 돕는다는 걸 현장 직원이 믿을 수 있도록, 밀착 소통과 신속한 지원 채널을 구축한다.
3	권한 사용 결과 되돌려주기	현장 직원이 권한을 사용한 결과를 직원 본인과 고객 입장에서 정기적으로 평가하고 피드백을 제공해, 더 잘할 수 있도록 방향성을 명확히 제시한다.
4	현장 직원의 감각 인정하고 기록하기	현장 직원들이 직접 고객을 만나고 공간을 느끼며 얻은 직관적 감각을 존중하고, 이를 공식적인 조직 내 데이터로 기록하고 축적해서 현장과 본사가 함께 공유하고 활용할 수 있게 한다.

이를 정교한 시계의 중심 태엽으로 비유해 보자. 아무리 잘 감긴 태엽이라도, 그 힘이 각각의 톱니바퀴에 정확히 전달되지 못하

면 시계는 멈추거나 오차가 발생한다. 하이엔드 시계 브랜드가 단순히 시간을 보여주는 기능을 넘어 하나의 예술품으로 인정받는 이유는, 수십 개의 작은 부품들이 섬세하고도 정밀하게 맞물리며 완벽한 균형을 이루기 때문이다.

권한 부여 역시 마찬가지다. 아무리 현장에 충분한 권한을 부여한다고 해도, 이를 지속적으로 유지하고 활성화할 수 있는 조직의 지지와 체계적인 운영 시스템이 없으면 무의미해진다. 앞의 표에 정리한 네 가지 역할과 책임이 바로 이러한 시스템을 의미한다. 본사는 권한의 힘을 현장에 전달하고 지속적으로 작동하게 만드는 톱니바퀴의 역할을 해야만 한다는 뜻이다.

결국 권한 부여란, 조직이 방목하듯 현장에 권한을 던져주는 것이 아니라, 책임감을 동반한 체계적 시스템을 통해 현장의 잠재력을 최대한으로 끌어올리고, 고객 경험이라는 감성적 결과를 구체적인 매출 성장이라는 숫자로 연결하는, 지속 가능한 구조적 솔루션인 것이다.

(6) 권한 부여의 실질적 예시

현장 직원에게 권한 부여가 왜 필요한지에 대한 근거와 실제로 어떤 방식으로 현장에 정착될 수 있는지까지 살펴봤다면, 이제 이 장의 마지막에서는 국내 오프라인 서비스 환경에 맞는 권한 부여의 방향도 함께 고민해 보고자 한다. 제시되는 솔루션은 어디까지나 오랜 시간 현장을 버텨내며 고민한 나만의 시선일 뿐이다. 모든 업계에 무조건 적용될 수 있거나, 모두가 동의할 만큼 완벽한 답이라고 할 순 없다. 결국 각자 위치와 상황에 맞게, 작은 아이디어 하나라도 시도해 볼 수 있는 참고점이 되었으면 하는 바람이다.

① 눈에 보이는 권한, 보이지 않는 권한까지

고객 눈에 직접적으로 드러나는 가시적 권한은 기본이다. 하지만 나는 여기서 한 발 더 나가고 싶다. 현장 직원이 담당하는 여러 업무 단계, 예를 들면 소비재 매장에서 상품 배치를 바꾸거나 고객의 목소리를 듣고 그 자리에서 직접 방향을 바꿔볼 수 있는 '보이지 않는 권한'까지 확장해야 진짜 권한 부여가 가능하다고 본다.

이런 권한은 단순히 본사에 보고만 하는 것으로 끝나면 안 된다. 현장에서 고객의 반응을 실시간으로 살피고, 필요하면 즉시 오프라인 공간 운영 방침을 바꿔 또 다른 고객 반응까지 연쇄적으로 테스트할 수 있어야 한다는 것이다.

이는 앞서 여러 번 언급한, 현장에서 종일 보내는 직원만이 가질 수 있는 '민첩성'을 최대한 활용하는 방식이다. 가벼운 몸짓으로 날아다니는 생명체처럼 변화에 즉각적으로 움직일 수 있는 역동성. 결국 이게 오프라인 현장에 있는 사람만이 가질 수 있는 힘이 아닐까?

예를 들어, 일본 이세탄 백화점은 현장 직원이 직접 고객을 응대하며 누구보다 공간과 고객의 성향을 빠르게 읽어내는 것을 잘한다는 평가를 받는다. 이게 가능한 이유는 본사에서 일방적으로 지시만 내리는 구조가 아니라, 현장에서 고객의 반응을 실시간으로 살피고 그에 맞는 상품 진열법을 직원이 고안해 본사에 역제안할 수 있는 시스템이 자리 잡았기 때문이다. 이런 구조가 있기에 현장은 언제든 빠르게 대응하고, 각 점포별, 고객별로 완전히 맞춤화된 변화를 유연하게 시도할 수 있을 것이다. 결국, 현장만의 감각과 빠른 속도를 본사가 인정하고 시스템에 흡수해야만, 내가 생각하는 '진짜' 권한 부여가 현실이 될 것이다.

② 명확한 권한 부여 범위의 설정

용기를 낸 서비스 현장 직원이 일정 수준 이상의 권한을 요구할 때, 조직은 늘 애매한 태도를 보인다. 권한을 줬다가 문제가 생기면 누가 책임질지, 부정적인 영향부터 먼저 떠올리기 때문이다. 하지만 앞서 살핀 여러 사례만 봐도 권한 부여의 순기능, 즉 장점이 훨씬 크다는 건 이미 충분히 확인했다. 그렇기 때문에 이제는 적극적인 자세로 권한 부여를 고민해야 하고, 이 과정에서 가장 중요한 건 '범위'를 명확히 설정하는 단계로 가야 한다는 것이다.

범위가 모호해지면 권한을 받은 직원은 오히려 위축될 수밖에 없다. '문제가 생기면 결국 다 내 탓 하려고 권한을 주는 거 아냐?' '본사 것들이 그렇지'라는 생각이 또다시 들기 마련이다. 이것도 현장 근무 경험에서 나오는 얘기다. 오프라인 서비스 현장에서 권한이 필요한 순간은 주로 고객 응대 과정에서의 감정적 상처, 상품 불량에 대한 보상, 그리고 예외적 혜택 요청 등이다.

그래서 실제로 우리 조직의 오프라인 서비스 공간에서 어떤 순간에 권한을 행사해야 하는지 먼저 확인하고, 그 순간에 맞춘 권한의 범위를 확실히 잡아야 한다. 그 범위는 운영해 보며 필요에 따라 좁히거나 넓히면 된다. 뭐든 새로운 시도는 해봐야 알 수 있다. 해보지 않으면 실패도 성공도 아무것도 알 수 없다. 미국 스타벅스가 무료 음료 제공이나 메뉴 커스터마이징을 직원에게 맡긴 것처럼 권한은 반드시 책임감과 균형을 이루는 명확한 범위가 있을 때 진짜 효과를 기대할 수 있다.

③ 최신 기술과 융합한 권한 부여의 재해석

최근 싱가포르항공 앱에서 항공권을 예약하며 흥미로운 변화를 발견했다. 기존 항공권 예약 방식은 웹사이트나 앱에서 출발일과 도착지, 좌석 등급을 직접 입력하고 결과로 나열된 일정 중에서 선택하는 일반적인 방식이었다. 그러나 싱가포르항공은 예약 첫 화면에서 AI 기반의 음성 대화형 인터페이스를 도입해, 마치 대화하듯 원하는 여행 조건을 말하면 이에 맞는 최적의 스케줄을 선별해 보여준다. 예를 들어 "9월쯤 인천에서 싱가포르 비즈니스 클래스로 합리적인 가격대 스케줄 보여줘"라는 요청만으로도 적합한 옵션이 즉시 제시된다.

이 기술은 전통적인 인적서비스 영역을 넘어서 고객의 온라인 여정을 한층 진화시키며, 미래지향적인 고객 경험 설계의 좋은 예시라고 생각한다. 원래 싱가포르항공의 여유롭고 우아한 기내 서비스를 좋아했지만, 이 경험을 통해 브랜드가 혁신과 진보를 추구한다는 이미지까지 체감할 수 있었다.

이와 같은 기술 접목은 오프라인 서비스 공간에도 시사하는 바가 분명 크다. 매장 직원이 태블릿이나 증강현실(AR) 기기를 활용해 고객의 취향과 구매 이력을 즉시 분석하고 개인 맞춤형 제품 추천은 물론 재고 상황까지 실시간으로 제공할 수 있다면, 이것 또한 권한 부여의 확장된 형태다. 단순히 '친절'을 위한 권한을 넘어 고객에게 오프라인 공간에서 '스마트한 경험'을 선사할 수 있게 만드는 강력한 권한이자 무기가 되는 셈이다.

④ 결국 핵심은 내부 문화 조성

아무리 앞에서 좋은 얘기를 늘어놔도 마지막에 이 부분이 안 되면 모두 무의미하다. 결국 서비스 현장 직원 개개인에게 책임감을 기반으로 한 자율적 권한을 준다는 건 조직 전체의 지지와 동의가 필수라는 뜻이다. 현장 직원을 신뢰하는 조직문화가 뒷받침될 때에만 비로소 권한이 제대로 작동할 테니 말이다.

미국 웨그먼스 마트처럼 직원 존중이 문화로 녹아 있어야 하고, 이세탄 백화점처럼 현장 반응을 누구보다 예민하게 읽는 직원이 본사에 오히려 상품 구성과 진열을 제안할 수 있어야 한다. 스스로 문제를 해결할 수 있는 환경, 그리고 그 자질을 키울 수 있는 본사와 현장 간 진짜 소통. 이 모든 시작은 결국 내부 문화가 조성되어야 가능하다.

(7) '차별화된 권한 부여' 프레임워크 제안

① '현장 큐레이터 권한'의 도입

이제 백화점, 쇼핑몰, 브랜드 매장 같은 오프라인 서비스 공간은 더 이상 단순한 진열장이 아님을 우리는 잘 안다. 지금의 오프라인 매장은 전략적으로 설계된 '공간 스토리텔링'의 무대다. 고객은 브랜드의 히스토리와 감성이 공간 곳곳에서 자연스럽게 녹아들어 있는 것을 몸소 체감하고, 즐기고, 교감한다.

현직자가 아니더라도, 쉬는 날 고객의 입장에서 오프라인 공간을 경험하다 보면 이 변화를 반드시 자연스럽게 느낄 수 있다. 우리는 더 이상 물건만을 사러 가는 것이 아니라 브랜드의 이야기를 경험하기 위해 오프라인 공간을 방문하는 시대에 살고 있다.

물론 모든 매장이 완벽할 수는 없다. 하지만 고객의 시선에 유독 더 정돈되고 일관성 있게 느껴지는 오프라인 서비스 공간이 있다면, 그곳이 항공사 기내든, 호텔 객실이든, 브랜드 매장이든 간에 '경험 설계'가 치밀하게 반영된 증거라고 생각한다.

최근 상하이 여행에서 경험한 불가리 호텔의 '불가리 바'를 떠올리고 싶다. 동방명주 뷰조차 그 공간에선 그저 부수적인 배경일 뿐이었다. 마감재 하나하나에서 느껴지는 질감, 엄선된 소재의 밀도, 그리고 공간 전체에서 드러나는 큐레이션의 노력이 아주 섬세하게 깃들어 있음을 느꼈다. 벽면과 바닥의 소재감 하나만으로도 이미 공간의 격이 결정되는 느낌이 들 정도였다. 시그니처 칵테일 위의 섬세한 로고 프린팅마저 놓치지 않는다.

공간 경험의 정점은 의외로 화장실에서 찍히는 경우가 많다. 각자 기억 속에도 강렬하게 남아 있는 경험이 화장실이 아닐까? 불가리 바의 파우더룸엔 종이 냅킨 대신, 불가리 로고가 택 형태로 부착된 패브릭 핸드타월이 정갈하게 쌓여 있었다. 이미 공간 분위기에 압도된 고객은 '이거 하나쯤 챙겨가도 되지 않을까?' 하는 솔직한 마음조차 들지 않는다. 오히려 공간의 압도적인 디테일 앞에서, 잠시 숨을 고르게 된다.

이 모든 게 가능한 건 결국 물리적 서비스를 구성하는 요소들이 체계적으로 공간 안에 세팅되어 있기 때문은 아닐까? 매장 내 상품 진열, 시각적 머천다이징MD, 불편함 없는 동선 설계, 디테일한 편의 시설 구성까지. 가끔 백화점에서 쇼핑에 지쳐 정수기를 찾다 보면 '왜 이렇게 안 보이지?' 싶은 경험을 한 적이 있지 않은가. 브랜드 아이덴티티가 오롯이 녹아든 분위기와 이런 세부 요소들이 유기적으로 어우러질 때, 고객은 그 공간에 몰입하게 된다. 단순히 창문을 없애는 것만이 공간 몰입의 답이 아님을 생각하게 된다.

하지만 공간 경험 설계는 보통 본사에서 하는 일로 여겨지고, 실제 매장 운영 역시 본사에서 현장에 일방적으로 전달되는 구조가 대부분이다. 기업마다 본사로부터 현장으로 내려오는 각종 매뉴얼, 지침이 있지 않은가?

여기서 나는 '현장 큐레이터 권한'이라는 개념을 제안하고자 한다. 현장 직원에게 단순한 응대와 판매 이상의 권한을 부여해 오프라인 서비스 공간 내에 필요한 이벤트를 기획부터 실행까지 직접 주도하게 하고, 현장 상황에 맞는 파트너나 협력업체도 직접 발굴해 즉각적으로 공간을 변화시킬 수 있도록 하는 권한이다.

물론 이는 본사와 현장 모두에게 '용기'가 필요한 제안이다. 누구나 상상할 수 있는 수준의 권한이라면 굳이 이 장에서까지 이야기할 필요도 없었을 것이다. 본사 주도의 획일화, 정형화된 공간 운영 방식을 넘어 현장에 있는 사람만이 가질 수 있는 '살아 있는 감각'과 즉각적인 판단을 조직적 차원에서 지지하고, 현장을 신뢰하는 구조, 그게 바로 권한화empowerment의 본질이라고 생각한다.

현실적으로 이 아이디어를 바로 적용하기는 쉽지 않다. 체계적으로 기록된 사례나 공식 문서화된 운영 방식이 아직 많지 않기 때문이다. 그래서 이 장에서 제시하는 프레임워크는 어디까지나 각 조직의 상황과 맥락에 맞게 고민하고 재구성할 수 있는 출발점 정도로 삼았으면 한다. 이 프레임워크를 각자의 환경에 맞게 풀어낸다면, 충분히 차별화된 솔루션을 만들어낼 수 있다고 생각한다.

대부분의 오프라인 서비스 기업은 매장별 통일성과 표준화를 강조하며 엄격한 규정을 둔다. 하지만 하루 종일 그 공간에 머무르며 온도와 공기, 고객의 성향까지 섬세히 느끼는 사람은 오직 현장 직원뿐이다. 이따금씩 매장을 방문해 수십 개 매장을 관리하는 본사 관리자보다, 매일 현장에서 하루를 보내는 직원이 가장 어울리는 분위기를 만들고 고객 경험을 구상할 수 있다.

항공사에 근무하던 시절을 떠올려보면 매번 비슷한 비행 같아 보여도 탑승객 구성과 분위기는 항상 달랐다. 그래서 당연히 기내 '시그니처 사운드' 선곡도, 조명도 매번 달라질 수 있다고 생각했다. 조명은 안전 규정이 있지만, 그 외의 시간에 직원 재량으로 조정할 수 있다면 고객 경험이 달라질 수 있다고 믿었다. 이런 관점은 오프라인 서비스 현장에도 충분히 적용 가능하다.

현장 직원이 매일 오감으로 느끼는 환경 요소는 단순한 배경이 아니라 고객 몰입 경험을 결정짓는 진짜 키key다. 물론 권한 부여는 말처럼 간단하지 않다. 행동으로 옮기기는 쉬워도 조직 내 복잡한 절차와 문서화 과정에서 권한 부여는 언제나 어려운 문제로 남는다. 특히 권한의 범위가 넓어질수록 체계적 관리가 필수다.

그래서 이 프레임워크 역시 각 현장에서 곧바로 복제하기보다 각 기업의 현실에 맞게 유연하게 적용하길 바라며, 실제 프로세스를 조금 더 와닿게 표로 정리했다. 단계별 설명을 참고하여 각자의 현장에 맞게 접근하고, 필요에 따라 보완한다면 자신만의 차별화된 현장 큐레이션 권한을 설계할 수 있을 것이다.

지금 이 순간에도 현장에 있는 직원의 손끝에서, 눈빛에서 살아 숨쉬는 감각들이 공간을 완전히 새로운 차원의 경험으로 끌어올릴 수 있다. 이 믿음과 확신에서부터, 조직의 권한 부여 혁신은 시작되어야 한다.

② '현장 큐레이터 권한' 부여 프로세스

a. 감각 기반 현장 진단 및 의사결정 권한 부여

진짜 권한 부여는 숫자나 규칙이 아닌, 현장 감각과 직관을 믿고 맡기는 것일지도 모르겠다. 현장 직원들은 매일 자신이 머무는 공간의 온도와 분위기, 방문하는 고객들의 특성과 흐름을 온몸으로 느끼는 위치에 있고 그런 역할을 하는 사람들이다.

단순히 눈에 보이는 물리적 환경을 넘어서, 공간 곳곳에 스며든 '감각'을 세밀하게 관찰하는 이들은 사실상 그 공간의 진짜 '큐레이터'라 해도 과언이 아니다. 본사는 이런 현장의 생생한 '감각 정보'를 자유롭고 직관적인 형태의 '현장 리포트' 시스템으로 수집을 시도해 보는 것이다. 여기에는 진부한 숫자의 형태로 기록하는 것이 아니라, 오늘의 느낌, 고객들의 반응, 변화하는 분위기 등을 자유롭게 작성해야만 살아 있는 '현장 기록'이 담기지 않을까? 이 시스템은 현장 직원 누구나 쉽게 쓰고 공유할 수 있도록 설계돼야 한다. 그게 바로 본사의 역할일 것이다.

그리고 현장 직원에게는 그가 위치한 오프라인 공간에서만 할 수 있는 희소성을 가진 소규모 이벤트를 기획부터 실행까지 모두 다 직접 맡고, 공간의 음악과 조명 조절, 진열 변경 등 즉각적으로 고객과의 현장 소통을 통해 판단하고 실행할 수 있는 권한을 부여한다. 동시에, 이 권한은 반드시 '책임감'과 함께 가야 한다는 점도 분명히 해야 한다는 것도 잊으면 안 된다.

b. 신속한 실행 및 유연한 조정

권한은 주어진 순간, 가볍지만 빠르고 자연스러운 변화의 시작점으로 활용돼야 한다. 권한이 부여된 직원들은 그날그날 고객과 공간의 상황에 맞춰 즉각적이고 능동적으로 변화를 만들어내기 위해 다양한 시도를 해봐야 한다. 예를 들어, 특정 고객층이 두드러지는 날에는 그 분위기에 적합한 음악으로 교체하고, 인기 상품 위주로 진열을 조정하는 것처럼 말이다.

이들은 현장의 변화를 세심하게 관찰하면서 고객 반응과 매출 데이터를 실시간으로 예민하게 체크한다. 필요하다면 변화를 시도한 즉시 현장에서 고객과의 소통을 통해 피드백을 받거나, 예민하게 그 반응을 살펴보고, 상황에 따라 또다시 빠르게 변화를 조정하는 노력으로 오프라인 서비스 공간을 즐기는 고객의 경험을 완성도 높게 다듬어보는 시도를 한다.

c. 정기적 피드백과 지원 체계 구축

권한 부여는 혼자가 아니라, 본사와 현장, 양쪽 모두가 함께 협업한 결과물이어야 한다. 본사는 현장에서 벌어지는 변화와 사례들을 진정성 있게 대하는 모니터링 과정을 거친 후 냉철한 시각으로 분석하기 위해 노력해야 한다. 권한 부여의 순기능이 잘 드러난, 즉 현장 직원의 자부심이 향상되어 자연스레 매출로 연계된 잘된 사례는 전사적으로 공유될 수 있는 기반을 마련하고, 어려움을 겪는 현장에는 현실적인 교육과 필요한 지원을 하는 것이다.

특히 권한 행사를 성공적으로 이끈 직원이 타 매장의 동료들에게 자신의 경험과 노하우를 직접 전수할 기회를 주는, 예를 들어 현장 방문을 통한 맞춤형 지도 기회를 제공하는 등 교육 시스템의 다변화는 특히 내가 교육을 담당하는 역할을 하고 있어서 그런지 몰라도 필수적이라 확신한다.

이러한 과정은 단순한 지식 전달을 넘어, 직원 스스로가 권한을 바탕으로 자발적으로 고민하고 실행한 변화가 실제로 긍정적인 결과를 만들어냈음을 체감하게 해준다.

이로 인해 직원은 자신이 주도한 성과에 대한 깊은 자부심과 애착을 갖게 되고, 권한 부여에 대한 신뢰와 몰입도가 자연스럽게 상승한다. 동시에, 본사의 위치에 있는 직원 역시 현장 직원들의 실질적 역량과 책임감을 확신하며, 현장과 본사가 상호 신뢰를 바탕으로 한 건강한 협력 관계를 구축하는 선순환 효과로 이어지지 않을까?

또한, 권한 행사로 인한 위험 요소들이 없을지 다각도로 확인하기 위해 현장과 소통해야 하고, 권한 범위와 책임 소재를 명확하게 규정하는 가이드라인을 마련해 직원들이 스스로 자신의 역할과 한계를 분명히 이해할 수 있도록 투명하게 공개해야 한다.

d. 지속 가능한 권한 강화와 조직문화 정착

권한 부여는 보여주기식 이벤트가 아니라, 지속 가능한 조직문화가 되어야 한다. 장기적으로 이 권한 부여가 내가 속한 기업의 고유한 조직문화로 자연스럽게 자리 잡도록 경영진은 물론이고, 본사 직원 모두의 인식 전환이 필수적임을 다시 한번 강조하고 싶다. 각 조직의 성향과 분위기에 맞춘 방법을 마련해, 현실과 문화 사이에서 조화롭게 안착시켜야 한다. 글로만 읽어봐도 쉽지 않은 일이다.

권한 부여가 실질적으로 서비스 품질을 높이고 매출 증대로 이어진다는 명확한 데이터와 사례는 작은 것 하나라도 찾아내 투명하게 공유하여, 전사적 동기부여를 이끌어내야만 지속 가능성을 확보할 수 있을 것이라 생각한다.

'현장 큐레이터 권한' 부여 4단계 핵심 프로세스

단계	권한 부여 프로세스	설명
1	현장 중심 권한 설계	현장에서 직접 파악한 고객 반응을 바탕으로 즉각적 판단과 실행 권한 부여
2	실행 즉시 현장 피드백	현장 직원이 주도한 결정의 실시간 고객 반응과 매출 성과를 바로 반영하여 조정
3	현장 맞춤형 지원 시스템	우수 사례의 공유, 현장 특성에 맞춘 즉각적 교육 지원, 구체적 책임과 역할 규정
4	조직 내 문화로 정착	본사와 경영진의 명확한 인식 전환, 권한 부여의 가치를 데이터로 지속 입증하여 제도 정착

사실 이렇게까지 프로세스를 하나하나 꼼꼼히 나열하는 게 과하다고 느껴질 수도 있다. 나도 이 글을 쓰면서 느낄 때가 있지만,

현장 직원에게 권한을 준다는 건 문서 몇 장으로 해결될 일이 아니고, 조직 내에는 수십, 수백 가지로 얽힌 이해관계와 복잡한 현실이 존재한다는 걸 누구보다 잘 안다. 그렇기 때문에 내가 직접 겪지 않은, 어딘가의 누군가에게는 이 구체적인 정리가 오히려 작은 길잡이가 될 수도 있다고 믿는다. 그래서 불필요해 보여도, 누군가에게는 꼭 필요할 수 있다는 마음으로 조금 더 디테일하게 정리했다.

또한, 현장에 권한을 부여한다는 것은 결코 누군가에게 잠시 '보여주기' 위한 일회성 이벤트가 되어서는 안 된다. 만약 그럴 거라면, 차라리 아예 하지 않는 편이 낫다. 다시 말해, 현장 직원을 괜히 들쑤셔 조직에 혼란만 더하는 어리석음을 범하지 말아야 한다.

이는 기업 문화와 인력 구조, 본사와 현장의 협업 방식, 무엇보다도 현장 직원 개인의 전문성과 자율성을 진심으로 신뢰하고 지지하는지에 따라 전혀 다른 결과가 나올 수밖에 없기 때문이다.

'뭘 이렇게까지 현장 직원에게 전전긍긍해야 돼?'라며 '어차피 일할 사람 많아'라는 생각이 아직도 든다면, 다시금 이 책의 첫 장으로 돌아가라.

나는 오프라인 서비스 현장에 몸담은 이상, 기업의 흥망성쇠가 결국 현장에 달려 있음을 확신한다. 현장이 바로 이 업계의 진짜 '키'를 쥐고 있다. 현장에서 기업과 브랜드의 정체성을 구현하며, 고객과의 감정적 연결을 주도하는 현장 직원이 없다면, 본사는 그저 그림자에 불과할 뿐이다.

따라서 이 복잡하고 고된 여정을 함께 걷는 모든 업계 종사자 분들이, 각자의 기업 환경과 상황에 맞춰 각자가 속한 '우리식 권한 부여'를 고민할 수 있도록 이정표 역할을 하는 것이, 나름 오랜 시간과 노력을 들여 설계한 아이디어를 제안하고 프로세스를 표로나마 써 내려간 내 작은 바람이다.

기존의 본사 중심 획일적 지시와는 다르게, 현장 직원이 오랜 시간 직접 체감하고 쌓아온 '현장 감각과 경험'을 무기 삼아 고객 경험을 기민하게 바꾸고, 그 결과 매출을 만들게 하는 혁신적 모델이 될 것이다. 단, 각 기업 상황에 맞는 맞춤형 재설계와 정착은 필수적임을 잊지 말아야 한다.

이 프로세스는 '현장 큐레이터 권한'이 단순히 무관심해지겠다는 '자유'를 주는 게 아니라, 양쪽이 서로 신뢰할 수 있게 체계적으로 설계된 운영 시스템과 조직 구성원의 적극적 참여로, 보여주기식의 일시적 권한 부여가 아닌, 지속 가능한 '진짜 권한'이 될 때 비로소 의미가 있을 것이다.

나는 지난 수년간을 서비스 현장에서 보내고 있기 때문에, 현장과 본사 양쪽의 현실과 사정을 누구보다 잘 알고 있다. 또한 권한 부여의 성공은 절대 일회성이 아닌, '지속 가능하고 연속적인 변화'에서만 나온다는 점을 다시 한번 강조하고 싶다.

③ 현장 직원을 위한 '온사이트 포인트(On-site Point)' 도입

a. 온사이트 포인트 제도의 개념과 목적

'온사이트 포인트On-site Point'란 현장 직원이 실제 권한을 행사한 순간을 포인트로 구체적으로 인정하는 제도다. 일반적인 권한 포인트 시스템이 본사 관리직 중심으로 설계된 것과 달리, 이 제도는 현장에서의 즉각적인 판단과 실행을 실질적 권한으로 인정하고, 이를 체계적으로 보상하는 시스템을 구축하는 데 목적이 있다.

현장 직원이 현장에서의 문제를 적극적이고 창의적으로 해결할 때마다, 그 행동은 실시간으로 '온사이트 포인트'로 기록된다. 이 포인트는 직원 개인의 성과뿐 아니라 현장 조직 전체의 자부심과 동기부여를 높이며, 오프라인 서비스 품질 향상과 궁극적인 매출 증가로 이어질 수 있다.

④ 온사이트 포인트 운영 방안

a. 포인트 부여 기준

각자의 조직과 오프라인 공간의 환경에 따라 구체적인 사례를 기준으로 현장 직원의 권한 행사 순간을 포인트로 적립한다. 예를 들어 매장 환경을 고객 성향에 따라 즉시 변경한 경우, 현장 아이디어를 독자적으로 실행해 매출 또는 고객 만족을 높인 경우, 고객 불만 사항을 즉시 해결하여 추가적인 긍정적 결과를 만들어낸 경우,

협력업체를 직접 발굴해 매장 내 가시적인 업무 성과를 향상한 경우 등을 생각해 볼 수 있다.

b. 포인트의 활용과 보상 체계

온사이트 포인트는 현금 보상보다는 지속 가능한 동기부여와 연결된 다양한 형태의 보상으로 전환되는 것이 가장 좋다고 생각하지만, 현금이 더 큰 힘을 발휘하는 순간도 있다. 그러나 선순환을 유도할 수 있어야 한다는 것을 고려한다면, 쉽게 기획할 수 없는 수준의 명사를 초청하거나, 접근성이 높은 주제의 클래스, 그 이외 복지 프로그램 등에 우선권을 부여하는 등의 방안을 고려해 볼 수 있을 것 같다.

⑤ '온사이트 포인트' 실행 프로세스

포인트는 즉시 기록, 바로 적립하는 방법을 추천한다. 현장 직원이 고객 불만 해결, 아이디어 실행, 돌발 상황 대처 등 권한을 행사할 때마다 간편하게 기록하는 것이다. 가능하다면, 모바일이나 태블릿, PC 등을 활용해 즉시 '온사이트 포인트'가 적립되어, 현장 중심의 실질적 효과를 기대할 수 있을 것이다.

온사이트(On-site) 포인트 실행 프로세스

단계	권한 부여 지속 프로세스	설명
1	즉시 기록, 적립	권한 행사 시 모바일, 태블릿, PC 등으로 간편하게 포인트 즉시 적립 및 기록. 고객 불만 해결, 아이디어 실행 등 실시간 반영
2	투명한 공유와 맞춤 피드백	월·분기별 포인트 현황과 성공·도전 사례를 공개하고, 필요 교육과 지원을 적시에 제공
3	실질적 보상	적립된 포인트를 교육, 워크숍, 복지 등 실질적 혜택으로 교환할 수 있도록 하여 동기부여 강화
4	조직문화로의 정착	경영진과 본사의 지속적인 관심, 권한=전문성 메시지 확산, 우수 사례 발굴 및 현장 리더십 프로그램과 연계해 제도 고도화

⑥ 제도 정착을 위한 노력

a. 포인트 적립 시스템 구축

본사는 직원들이 권한 행사 내용을 간편하게 입력할 수 있도록, 모바일 앱 또는 현장 전용 태블릿을 통한 즉각적 기록 시스템을 구축한다. 비용이 조금 들겠지만 말이다. 이로써 권한 행사가 이루어지는 즉시 현장 직원들이 편리하게 입력하고, 본사는 이를 효율적으로 관리 및 분석할 수 있다.

b. 지속적 모니터링과 피드백

본사는 포인트 시스템을 통해 적립된 데이터를 정기적으로 분석해 효과적인 권한 행사의 사례를 발굴하고 공유한다. 이를 통해 현장 직원들이 모범 사례를 참고하며 권한 행사 능력을 지속적으로 발전시킬 수 있는 환경을 마련한다.

c. 전사적 인식 제고와 문화 형성

온사이트 포인트 제도가 단순한 보상 체계를 넘어, 조직 전반에 걸쳐 현장 직원의 전문성과 중요성을 인정하는 문화로 자리 잡도록 경영진과 본사 직원 대상 교육 및 캠페인을 병행한다. 이를 통해 제도의 실질적인 정착과 지속 가능성을 확보한다.

d. 전사적 공감과 선순환 구조 구축

온사이트 포인트 제도의 도입은 단순한 성과 평가 방식을 넘어, 현장 직원의 자발적 참여와 책임감을 촉진하고 현장과 본사 간 신뢰를 견고히 하는 효과가 있다. 현장 직원의 전문성과 노력이 인정받는 긍정적 사례를 데이터와 함께 전사적으로 적극 공유하면, 직원들의 자긍심과 몰입도는 자연스럽게 상승할 것이다. 이는 다시 고객 만족과 서비스 품질의 향상으로 이어져 매출 증대로 연결되는 선순환 구조로 자리 잡게 될 것이다.

다시 한번 강조하지만, 이 프로세스는 온사이트 포인트가 변화를 보여주기 위한 일시적인 '눈가림'이 아닌, 현장 권한 행사를 체계적으로 인정하고, 직원의 동기와 전문성을 지속적으로 끌어올리는 공식 시스템을 구축하는 과정에 작은 보탬이 되어야 한다. 현장 직원이 맡은 자리에서 권한을 제대로 활용할 때, 그 결과는 결국 조직 전체의 신뢰와 성과로 되돌아온다. 그래서 이 방식은 권한 부여의 새로운 접근이 될 수 있을지도 모르겠다.

각자의 경험과 조직 상황에 맞게 새롭게 설계하는 데 작은 촉진제가 되길 바랄 뿐이다.

마지막으로 꼭 기억했으면 하는 건, 당신의 자리가 본사든 현장이든, 서비스 업무에 속하든 아니든, 그런 건 중요하지 않다는 점이다.

'현장 권한 부여'의 본질은 결국 실시간으로 바뀌는 고객의 기대와 욕구에 가장 민첩하게 대응하는 '경험' 그 자체, 즉 최종점은 고객을 향해야 한다. 권한을 주든, 제도를 바꾸든, 조직을 재설계하든, 이 모든 과정은 결국 지갑을 여는 고객이 공간에서 '최상의 경험'을 하게 만들기 위함이다.

본사 인력을 위한 것도, 현장 인력을 위한 것도 아니다. 착각하지 말자. 결국 고객이다. 현장에 권한을 주고 이를 뒷받침할 진심 어린 노력을 조직이 조금이라도 시작할 때, 고객이 체감하는 오프라인 서비스 현장의 온도는 반드시 달라질 수 있음을 기억했으면 한다.

10장
집중과 순환, 그 사이의 경계

앞선 장에서 제도적 측면의 '권한 부여'를 이야기했다면, 이제는 그 권한을 현실에서 구현하는 '사람' 즉 조직의 진짜 동력인 '인력'을 이야기할 차례다. 같은 현장이라도 인력 운영 방식 하나만 바뀌어도 현장의 온도와 결과가 완전히 달라지는 것을 간혹, 그러나 명확히 목격했다.

오프라인 서비스 공간이 본연의 가치를 발휘하려면, 결국 그 공간을 채우고 움직이는 '사람'을 어떻게 배치하고 성장시키느냐가 관건이다. 이 주제는 특히 항공사 승무원으로서 빡빡한 스케줄을 몸소 겪었고, 백화점 본사에서 커리큘럼을 설계하다가 바로 점포로 달려가 현장 문제를 진단하고 해결하는 코칭과 강의까지 수행하는, 바로 나 같은 사람만이 할 수 있는 이야기라 확신한다. '집중과 순환'의 딜레마를 현장에서 누구보다 선명하게 느끼고 있으니까.

10장에서는 현장 '인력 운영'이라는 복잡한 퍼즐을 하나씩 맞춰볼 생각이다. 전문성과 유연함이 서로 밀고 당기며 균형을 이루는, '하나에 집중하는 철저한 분업'과 '다양한 위치에서 일할 수 있는 멀티 스킬'이 공존하는 마치 하이브리드와 같은 모델을 그려보고자 한다. 이 장에서 제시할 사례와 프레임워크가 당신의 조직 현실에 적용 가능한 실질적인 솔루션이자 나침반이 되어, 더 깊고 현실적인 고민의 실마리가 되길 바란다. 당신의 현장은 과연 어떤 길을 선택할 수 있을까?

(1) 집중과 순환, 두 축의 시대적 의미

전국을 돌며 백화점에 입점된 브랜드의 현장 직원을 대상으로 교육을 진행할 때, 나는 전달력을 높이기 위해 교안 내 적재적소에 영상을 배치하곤 한다. 그중 자주 활용하는 영상이 하나 있다. 유튜브에서 발견한 이 영상은, 두 명의 바리스타가 각기 다른 컴플레인 상황에서 정반대의 응대 방식으로 현장의 분위기를 완전히 다르게 만드는 과정을 유머러스하면서도 날카롭게 보여준다. 한 사람은 철저히 직원 중심 사고로 대응해 고객의 불만을 더욱 키우고, 다른 한 사람은 고객의 감정선을 읽고 균형 있는 대응으로 문제를 잠재

운다. 단 몇 분의 짧은 영상이지만, 현장 직원 한 명의 태도와 판단 하나로 공간 전체의 리듬과 온도가 어떻게 바뀌는지를 생생히 느낄 수 있다.

비단 이 영상이 아니더라도, 우리는 매일의 일상 속에서 한 명의 바리스타, 한 명의 점원이 공간 전체의 표정과 공기를 바꾸는 장면을 고객으로 갈 때 자주 경험했을 것이다.

그렇다면, 이렇게 오프라인 서비스 공간에서 고객이 느끼는 '무드'를 결정짓는 직원 한 사람의 행동과 태도를 온전히 개인의 책임으로만 돌릴 수 있을까? 현장의 현실에서는 오래전부터 '집중'과 '순환'이라는 화두가 뜨겁게 달아올라 있었다. 때로는 너무 뜨거워서 본질을 외면한 채 방치되기도 했던 이 문제를 본격적으로 파헤치기 전에, 인력 운영의 양대 축이라 할 수 있는 '집중'과 '순환'의 개념을 먼저 명확히 하고자 한다.

① 집중(Specialist)

이 장에서 '집중'이라는 단어를 선택한 이유는 이렇다. 오프라인 서비스 기업에는 다양한 직무가 존재하지만, 그중 단 하나의 직무, 즉 특정 역할에 몰입하여 전문 역량을 극대화하는 인력 운영 방식을 나는 '집중'이라는 표현을 쓰고자 한다. 예를 들어, 호텔은 다양한 고객 접점이 존재하지만 프런트 데스크 담당 직원이 퇴사 전까지 거의 그 자리에서만 일하며 전문성을 쌓는 형태다. 나 역시 이와 비슷한 길을 걸어왔다. '고객서비스'라는 범위 안에서만 커리어를 쌓아왔기에, 현재 소속된 회사에서도 오직 고객서비스의 문제를 진단하고 교육하는 역할로 집중된 전문성을 발휘한다. 한마디로 업계가 흔히 말하는 '스페셜리스트Specialist' 모델에 가까운 셈이다. 이런 방식은 깊이 있는 전문성을 확보할 수 있지만, 다양한 변화나 예측 불가능성에 대한 민첩성은 상대적으로 떨어질 수밖에 없다는 게 업계의 통념이다.

② 순환(Generalist)

반대로 '순환'은 한 사람이 여러 역할을 거치며 다면적 역량을 키우는 인력 운영 방식이다. 예컨대 호텔에 입사한 신입 직원이 처음엔 연회장 식음료 파트로 시작해 프런트 데스크, 컨시어지, 라운지 등 다양한 포지션을 돌면서 현장의 전체 흐름을 몸으로 익히는 형태다. 이렇게 다양한 역할을 경험하며 직원은 고객 여정 전반을 넓고 유연하게 이해할 수 있지만, 한 포지션에서만 얻을 수 있는 깊이나 전문성은 제한적일 수 있다. 실제 업계에선 이런 인력을 '제너럴리스트Generalist' 혹은 '로테이션Rotation 인력'이라고 통칭한다.

현장에서는 이런 순환 모델이 조직 운영의 일시적 유연성을 제공할 수는 있지만, 기업의 전략 방향이나 서비스 직무별 전문성 요구 수준에 따라 결과가 달라질 수 있다는 점을 끊임없이 고민하게 된다.

이제부터 본격적으로, 이 두 가지 운영 방식이 현장에서 만들어내는 미묘한 차이와 갈등, 그리고 현실적 한계를 보다 깊이 들여다보려 한다.

이렇게 '집중'과 '순환'이라는 두 가지 인력 운영 모델의 개념을 다시 한번 정리하고 나면, 오프라인 서비스를 운영하는 모든 조직이 결국 마주할 수밖에 없는 현실적 고민 하나가 떠오른다. 고객과 가장 밀착된 접점인 현장 직원의 인력 운영 방식을 과연 어떻게 설계할 것인가, 바로 그것이 우리가 심층적으로 고민해야 할 과제이다.

이 고민이 특히 복잡한 이유는, 현장 직원의 근무 형태가 대부분 스케줄shift 형태라는 점 때문이다. 주말은 물론 때로는 24시간 가동이 필요한 호텔이나 항공사처럼 호스피탈리티 업계에서는 교대 근무가 일상이다. 결국 비슷한 비즈니스 모델과 투자 구조, 심지어 유사한 브랜드일지라도, 현장 인력을 어떻게 움직이고 운영하느냐에 따라 고객이 경험하는 서비스의 온도와 질감은 완전히 달라질 수밖에 없다.

이 장에서는 바로 그 '미세하지만 결정적인 차이'를 만드는 현장 인력 운영의 방식을 집중과 순환, 그 두 축의 경계에서 탐색하고자 한다.

집중과 순환이라는 두 운영 모델을 단순히 보면, 흔히 인사팀 HR의 전략적 영역으로만 간주하기 쉽다. 하지만 오프라인 서비스라는 특별한 환경에서 현장 인력을 고민한다면, 이 생각은 반드시 달라져야 한다.

단순히 인사팀의 책상 위에서 만든 인력 배치 전략이나 정형화된 역량 개발 프로그램만으로는 현장 직원의 실제 고충을 덜어주거나, 고객의 오프라인 경험을 실질적으로 끌어올리기엔 한계가 있다. 교육이 모든 것을 해결해 줄 수 없다는 것은 이미 얘기했다. 오프라인 서비스 공간에서 고객 경험의 질을 지속적으로 유지하려면, 현장 직원 개개인의 성장과 동기를 현실적으로 끌어낼 수 있는 '운영 방식 설계' 자체가 조직 전략의 중심으로 올라와야 한다는 뜻이다.

직원이 어떤 방식으로 일하고 성장하며, 각자의 자리에서 진심을 담아 몰입할 수 있는 환경을 구축하는 것이 결국 오프라인 서비스 기업의 지속 가능성을 좌우하지 않을까? 결국 현장 근무환경의 품질은 단지 채용이나 교육, 매뉴얼의 문제를 넘어서, '어떻게 인력을 움직이고 성장시키며 현장을 깊이 이해하고 지지하는 구조'를 만들 수 있는지에 달려 있다. 이미 이런 문제의식은 앞선 여러 장에서 반복적으로 짚어왔다.

단 한 명의 바리스타 표정이 카페 전체의 분위기를 바꿀 수 있지만, 그 책임을 오롯이 그 직원 개인의 태도나 역량 문제로 돌리는 순간, 우리는 현장 인력 운영의 진짜 본질에서 멀어진다. 실제로 이러한 차이는 현장 인력 운영 방식, 즉 조직이 어떤 기준과 철학으로 인력을 배치하고 성장시키느냐에 따라 결정된다는 점을 글로벌 컨설팅사 맥킨지McKinsey 역시 여러 보고서에서 지속적으로 강조하고 있다(McKinsey & Company, 2024, 2025).

이번 장을 완성하는 데 가장 많이 참고한 맥킨지 보고서들에는, 현장 인력 운영 방식의 미묘한 차이가 곧 고객 경험의 품질과 조직의 지속 가능한 성장으로 이어진다는 강력한 메시지가 담겨 있다. 나 역시 수많은 오프라인 서비스 기업을 거치며 이 문제를 반복적으로 목격했고, 결국 인력 운영 설계 방식 하나가 공간 전체의 경험과 결과를 바꾼다는 사실을 지난 수년간 현장에서 직접 체득했다.

특히 맥킨지의 보고서가 던지는 핵심 메시지는, 현장 직원 운영 방식의 아주 미세한 차이가 결국 고객 경험 수준 전체를 완전히 뒤집을 수 있다는 점이다. 이는 단순히 HR팀이 책상 위에서 만들어낸 전략 차원을 넘어, 오프라인 서비스 기업이라면 반드시 '현장 중심'에서 답을 찾아야 하는 본질적인 경영 아젠다라는 일종의 경고처럼 들렸다. '현장의 직원을 어떻게 움직이고 성장시킬 것인가?'라는 질문이야말로 고객 경험의 온도와 현장의 분위기를 좌우하는 근본적인 키Key라는 점을 이 보고서는 일관되게 강조한다.

잠시, 이 장에서 핵심적인 자료로 활용한 맥킨지의 최근 보고서를 보자면, 현장 직원 운영 방식의 작은 차이가 고객 경험의 질을 결정짓는 핵심이라는 점이 수치로 드러난다.

「The missing productivity ingredient: Investment in frontline talent」의 핵심을 간단히 풀어보자면 '기업 생산성 혁신의 마지막 퍼즐 조각은 현장 인재에 대한 투자'라는 것이다. 흔히 요즘 기업 중에는 디지털 전환이나 시스템 도입만으로 조직이 혁신될 수 있다고 착각하는 곳이 있지만, 실제로 '현장 인력에 대한 투자'가 조직의 체질을 근본적으로 바꾸는 결정적 요소임을 다양한 데이터와 사례로 보여준다. 결국 생산성의 향방을 결정하는 것은 첨단 시스템이 아니라 마지막 순간 현장에 투입된 '사람'이며, 인력 운영 방식의 미세한 차이가 기업 간의 서비스 품질 격차를 만든다는 것이다.

내가 이 보고서에서 가장 인상 깊게 본 메시지는 단순하고 명확했다. 결국 인력 배치와 성장에 진심을 담아 투자하는 조직만이, 고객 경험의 온도와 매출의 흐름을 실질적으로 바꿀 수 있다는 것이다.

「How retailers can build and retain a strong frontline workforce in 2024」에서는 리테일 업계에 몸담고 있는 내가 집필 중인 이 시점에 유독 반갑게 다가왔다. 원제를 직역하면 '2024년, 리테일 기업이

강력한 현장 인력을 구축하고 유지하는 방법' 정도가 될 텐데, 보고서 전체가 다루는 주제 자체가 상당히 흥미로웠다. 리테일 업계의 반복되는 이직률과 만성적인 인력난이 왜 지속되는지, 그리고 이 문제를 어떻게 하면 현장 중심적 관점에서 풀어갈 수 있을지를 다각도로 분석하고 있다. 확실히 리테일 시장의 규모나 시스템, 특히 인력 운영과 관련된 연구나 보고서의 깊이와 발간 빈도에서 볼 때 해외가 국내보다 한 단계는 앞서 있다는 점을 실감할 수 있었다.

특히 이 보고서가 주목한 지점은, 단순히 인력 충원만으로는 결코 지속 가능한 해답이 될 수 없다는 점이다. 스케줄 운영의 유연성, 명확한 경력 개발의 기회 제공, 현장 관리자 역량 강화 등 실질적인 변화와 배려가 직원의 만족도를 크게 높인다는 결과를 다양한 사례와 수치를 통해 제시한다. 이 업계에서 '서비스'라는 추상적이고 감정적인 영역을 수치로 구체화하는 것이 얼마나 어려운 작업인지 잘 알기에, 보고서의 분석력과 접근 방식은 개인적으로 매우 인상 깊었다.

결국 보고서는, 현장 인력에 대한 지속적이고 세심한 투자가 장기적으로 고객 경험의 온도를 변화시키고, 더 나아가 조직 전체의 매출과 경쟁력을 끌어올리는 결정적인 동력이라는 강력한 결론을 내리고 있다.

앞서 소개한 두 맥킨지 보고서가 공통적으로 강조하는 메시지는 명확하다. 서비스 현장의 인력 운영 방식에 대한 세심한 관심과 전략적 투자가 현장 경험의 품질과 고객의 감정, 그리고 조직의 지속 가능성까지 결정짓는다는 점이다.

이제 이 지점을 바탕으로, 오프라인 서비스의 최전선에서 '한 사람의 집중'이 만들어내는 전문성과 몰입의 힘이 실제로 어디까지 닿을 수 있는지, 그리고 분업이라는 구조가 서비스 현장에 어떤 새로운 가능성을 열어줄지 더 깊고 세련된 시선으로 함께 들여다보려 한다.

(2) 집중, 분업의 미학

한 사람, 한 자리, 한 역할에 오롯이 몰두하는 힘이 서비스 현장에서 어떻게 고객 경험의 깊이와 품질, 나아가 브랜드의 신뢰까지도 형성하는지를 이야기하려 한다. 가장 먼저 떠오르는 장면은 역시 럭셔리 브랜드 매장이다. 여러분의 머릿속에 떠오르는 장면이 나와 비슷할지 궁금해지는 순간이다. 일 년의 절반 이상을 오프라인 대면 강의 현장에서 보내는 나로서는, 이럴 때마다 독자들과 즉각적으로 소통하지 못하는 책이라는 매체의 한계가 아쉽게 느껴지곤 한다.

AI 도입과 디지털 전환이 화두가 되고, 기술에 뒤처진 조직은 낙오자로 여겨지는 시대에, 럭셔리 브랜드 매장은 왜 여전히 마치 약속이라도 한 듯 아날로그의 디테일과 물성의 가치를 고집하고 있는 걸까? 그리고 그 아날로그적 감성을 가장 직접적으로 고객에게 전달하는 직원 한 사람, 한 역할에 더 많은 에너지를 집중하는 이유는 무엇일까?

잠깐 개인적인 얘기를 덧붙이자면, 코로나19가 한창이던 2020년, 나는 성수동에 작은 카페를 창업해 1년간 직접 운영한 경험이 있다. 주변의 정말 가까운 지인 외엔 거의 처음 공개하는 이야기다. 항공사와 리테일 업계를 주 무대로 강의하던 내가 갑자기 생긴 시간 덕분에 품어왔던 꿈을 실행에 옮긴 셈이다. 문을 닫는 곳이 늘어난 누군가의 아쉬운 끝이 내게는 조심스럽지만 소중한 기회였다.

오직 내 직관과 감각으로 브랜드를 설계했다. 벽면을 칠할 페인트 컬러 하나를 고르기 위해 던에드워드Dunn-Edwards의 컬러차트를 수백 번 넘겨보고, 마음에 드는 조명 하나를 찾아 을지로 골목을 수도 없이 헤매던 시간들. 그때의 나는 모든 결정을 홀로 책임지는 '오너십'의 무게와 손끝 하나에도 고객의 반응이 달라지는 현장의 감각을 온몸으로 체득했다.

돌이켜보면, 이 경험은 내 경력 전체에서 가장 현실적이고 깊이 있는 감각을 얻게 해주었다. 지금도 현장과 본사, 실무자와 관리자의 시선에서 균형 잡힌 판단을 내릴 수 있는 이유다. 퇴근 후 이 책을 쓰기 위해 저녁 식사도 잊은 채 오롯이 '나'로 몰입하는 이 순간 역시, 그때의 특별한 경험 덕분인지도 모른다.

직접 경험해 보면 안다. 한 자리, 한 역할에 '집중'하는 것이 조직을 얼마나 견고하게 만드는지, 그리고 그 반대에서는 얼마나 쉽게 무너지는지를 말이다. 그래서 이 책의 긴 호흡을 여기까지 따라온 독자라면, 단순한 팁이나 노하우를 넘어 현장 운영의 본질, 그 구조의 힘 자체에 더 깊이 주목할 수 있을 것이라 믿는다. 특히 프리미엄 서비스를 추구하는 브랜드일수록 각 분야의 전문가(Specialist)를 선별해 아낌없이 투자하고, 오랫동안 묶어두기 위해 각별한 노력을 기울이는데, 이들에게 '집중'과 '분업'은 단순한 업무 효율성을 넘어 브랜드의 신뢰와 고객 경험의 깊이를 완성하는 일종의 미학 그 자체이기 때문이다.

파인다이닝 레스토랑을 떠올려보자. 어느 도시, 어느 나라를 가더라도 한 자리에는 반드시 '소믈리에'가 존재한다. 그들은 하루, 일주일, 일 년 내내 단 하나의 역할만을 수행한다. 그 한 테이블, 그 한 잔의 와인에 집중의 에너지를 담아낸다.

항공사의 퍼스트클래스 승객을 전담하는 객실 승무원, 호텔 VIP 고객만을 전담하는 컨시어지, 일부 럭셔리급의 백화점에서 제공하는 글로벌 하이엔드 스탠다드에 부합한 프라이빗 살롱에서의 퍼스널 쇼핑 컨시어지 역시 마찬가지다. 단 하나의 역할에 집중하고 몰입하는 힘이 결국 프리미엄 서비스의 디테일 차이를 만들고, 특별한 경험의 밀도를 결정짓는다는 것은 서비스 업계의 종사자라면 반드시 기억해야 할 진리다.

글로벌 호스피탈리티 업계에서도 최상위 VIP, 혹은 HNWI(초고액자산가) 고객 전담 서비스라는 개념이 여전히 사라지지 않는 이유는 바로 이 때문이다. 기술이 아무리 발전해도, 고객과의 감정적 연결을 완벽히 수행하는 이 자리를 과연 AI와 같은 기술이 완벽히 대체할 수 있을까? 적어도 현 시점에서 나는 쉽게 상상이 가지 않는다. 특히나 기술 접목을 무차별적으로 하는 것 역시 경계해야 한다고 생각한다.

디지털 기술의 무차별적인 서비스 접목을 경계해야 하는 이유는 명확하다. 오프라인 공간에서 고객과 브랜드가 만나는 순간은 본질적으로 사람과 사람의 만남이기 때문이다. 잊어서는 안 된다. 우리 모두는 지금 오프라인 사업을 하는 중이다. 단지 편리해지자는 이유나, 업계 전반에 걸쳐 디지털을 외치고 있으니 우리도 해야 한다는 식의 이유로 디지털 접점을 마구 늘리게 되면, 오히려 서비스의 밀도와 품격이 떨어질 수 있다. 그 결과 브랜드와 고객 간의 관계는 쉽게 얇아지고 만다. 마치 누구에게나 친절한 사람이 결국 누구와도 깊은 관계는 맺기 어려운 것과 비슷하다고 볼 수 있다.

특히 하이엔드, 즉 헤리티지가 깊고 고객의 높은 관여를 필요로 하는 브랜드일수록 이 디지털 접근성의 과도한 증가는 독이 될 수밖에 없다. 쉽게 얻어진 관계는 쉽게 사라지기 마련이다. 럭셔리 브랜드의 고객이 때로는 제품이나 브랜드를 이해하기 위해 시간을 들이고, 공부하고, 약간의 어려움을 느껴야만 진짜 애착을 가지는 것과 같은 맥락이다.

보테가 베네타의 가방을 고를 때, 브랜드 크리에이티브 디렉터 매튜 블레이지의 반려견의 이름이 존존john john이고, 키링으로도 제작되었다는 것을 굳이 알아야 하느냐고 생각할 수 있지만, 헤리티지가 깊고 고관여 브랜드답게, 디렉터의 생활과 그 반려견 이름까지 포함한 이러한 작은 이야기는 오히려 브랜드와 나를 연결하는 감성의 실타래가 되어, 하나도 '놓치고 싶지 않은' 정서적 애착을 불러일으킨다.

게다가 오프라인 서비스 기업에서 지나친 디지털 접목을 시도하는 경우, 서비스 자체를 물리적으로든 시각적으로든 복잡하고 혼란스럽게 만들 수 있다. 고객에게 주어지는 서비스가 많아질수록, 좋다고 생각하겠지만, 스마트폰 화면 속 메뉴와 버튼, 안내문이 늘어나고 오프라인 공간에도 무의미한 안내 고지물이나 QR코드 등이 덕지덕지 붙는다. 무조건 서비스의 종류와 옵션을 많이 제공하는 것이 고객 경험의 질을 높인다는 착각에서 비롯된 일종의 서비스 과잉 현상과도 같다. 서비스가 과도해지면 오히려 고객은 집중을 잃을 수 있고, 오프라인 공간에서도 그리고 스마트폰 속에서도 혼란을 느낀다. 양으로 승부하는 것이 아닌 딱 필요한 서비스, 즉 자신만을 위한 세련된 절제라고 느껴지는 질 좋은 서비스가 앞으로는 더 필요해질 것이라 생각한다.

물론 모든 브랜드와 공간에 똑같은 기준이 적용될 수는 없다.

오히려 저관여 브랜드나 일상에서 반복적으로 경험하는 서비스일수록 디지털 기술 접목이 필수적이다. 바쁜 출근길에 마시는 스타벅스의 커피 한 잔이나 매일 들르는 편의점에서의 구매 과정처럼, 일상적인 서비스 환경에서는 디지털 기술의 적극적인 접목이 곧 편리함과 효율성으로 직결된다. 이때는 고객과 브랜드 사이에 깊은 감정적 교류가 없어도 크게 문제가 되지 않는다. 매일 쉽게 접하는 저관여 브랜드일수록 간결하고 빠르게 끝나는 경험을 원하기 때문이다.

하지만 하이엔드 시장에서는 편의성만으로 모든 것이 해결되지 않는다. 고객은 관계의 깊이, 서비스의 품격, 약간의 긴장감이 담긴 인간적 교감을 기대한다. 이 시장에서는 오히려 '뭔가가 조금 어려운 경험' 자체가 브랜드를 특별하게 만드는 핵심 요소가 된다.

결국 서비스 설계는 고객과 브랜드의 특성, 관여도에 따라 세심하게 다르게 설계되어야 한다. 하이엔드 시장에서는 디지털 기술을 단순히 효율이나 편의만을 위해 적용하지 말고, 서비스 본연의 정제된 품격을 유지하기 위한 전략적 접근이 필요하다. 서비스가 너무 많아지거나 쉽게 접근할 수 있는 순간, 고객은 그 서비스에 대한 특별한 감정을 더 이상 느끼지 않게 된다.

오프라인 서비스는 결국 인간적 교감과 세련된 절제, 그리고 아주 정확한 지점에서 제공되는 밀도 높은 경험이 핵심이다. 물리적 서비스 숫자만 넘치는 공간이나 앱 화면은 결코 프리미엄과 가까워질 수 없다. 일부 소비력이 높은 소수만이 그럴 것 같지만, 대다수의 고객은 자신만을 위한 아주 정확하고 세련된 서비스에서 진정한 만족을 얻는다. 누가 싫어하겠는가? 이것이 서비스의 본질이자 오프라인 공간의 품격이다. 디지털 기술로 쉽게 대체하거나 자동화할 수 없는 인간적 교감을 위해, 항공사 객실 승무원의 경우 최소 수년간 동일한 포지션에서 집중적으로 경험을 쌓아야만 하는 대표적인 현장 직원이다. 실제로 내 전체 커리어 중 가장 긴 시간을 보낸 곳은 항공사였다. 3곳의 항공사를 거치면서 기종별, 노선별로 달라지는 기내 서비스와 순서, 세부 규정까지 손끝으로 완벽히 체득하는 데는 상상 이상의 시간이 필요했다. 특정 연차가 지나면 서비스 능력이 완성된다는 것은 오히려 착각에 가까웠다. 고객의 기대치는 나날이 복잡하고 까다롭게 진화하기 때문에, 내 경험상 오프라인 서비스 중에서도 기내라는 한정된 공간에서의 서비스는 경력이 쌓일수록 더욱 정교함이 요구됐다. 그 순간들이 내게 준 긴장과 집중의 경험은 현재 다양한 오프라인 서비스 분야에서 강의와 현장 코칭을 하며 생존할 수 있는 가장 단단한 밑바탕이 됐다. 결코 무엇과도 바꿀 수 없는 값진 경력이다.

여기서 짚어봐야 할 것은, 현장에서 몸으로 부딪히며 쌓는 서비스 역량이 단지 그 현장에서만 길러지는 것은 아니라는 점이다.

실제로 많은 항공사들은 면접을 통과한 인턴 직원들을 대상으로 2~4개월에 걸쳐, 절반은 '안전' 교육, 나머지 절반은 오직 '기내 서비스' 교육에만 몰입하도록 한다. 아직 승무원이라는 이름조차 얻지 못한 시기다. 기내 서비스 하나만을 두고 최소 한 달 이상의 훈련과 시험을 반복하며 조직의 막대한 비용과 관심, 투자를 집중적으로 쏟는다. 몇 달간 오직 서비스만을 주제로 한 집중 교육을 받는다고 상상해 본 적이 있는가?

단 45분짜리 교육에도 깊은 한숨을 내쉬거나, 원망 어린 눈빛으로 째려보는 사람이 있고, 심지어 자리에 앉은 채로 전화를 받는 것도 자연스럽게 여겨지는 현실이다. 지금 내가 몸담고 있는 리테일 업계나, 과거 브랜드 소속으로 직원 교육을 진행했던 경험을 돌이켜봐도, 입문 교육 단계부터 청강자의 태도와 몰입도는 분명 항공사와는 분위기부터 그 차이가 존재한다.

호텔 업계 역시 크게 다르지 않다. 항공사와 호텔이 한 직무의 전문가를 육성하는 데 집중하는 이유는 이미 여러 연구와 사례를 통해 증명되고 있다. 실제로 Forbes에서도 AI 기반 개인화와 고객 감정 관리의 중요성을 강조하며, 고객 경험의 질을 높이려면 전문성을 갖춘 인력의 세밀한 대응이 필수라고 지적한 바 있다(Bernard Marr, 2023). 결국 고객은 오프라인 서비스 기업과 브랜드를 대표하는 '한 사람'을 기억하며, 그 한 사람의 집중과 시간에 브랜드가 응답하는 것이다.

내 소비 경험에서도 그 힘은 분명하게 드러난다. 최근 나의 소비에서 가장 큰 비중을 차지하는 브랜드는 마르지엘라Maison Margiela다. 마르지엘라의 해체주의적 감각과 미완성의 실루엣, 대담한 텍스처가 나의 지갑을 열게 하지만, 사실 결정적 순간에 패션 취향만이 전부는 아니다. 가장 큰 이유 중 하나는 '특정 매장의, 단 한 명의 직원'이다. 재고 확인부터 구매 과정까지, 오롯이 그 직원 한 명이 브랜드의 얼굴이 되어준 덕분에 나도 모르게 내 일정을 그 직원의 근무 스케줄에 맞추고 있다. 소비자가 자신의 일정을 직원의 스케줄에 맞춰가며 매장을 찾게 만드는 힘, 이것이야말로 한 사람의 집중이 만들어내는 경험의 압도적인 힘이다.

결국, 한자리에서의 집중은 브랜드의 로고나 컨셉 이상의 가치를 만들어낸다. 그 한 사람이 제공하는 서비스가 고객의 신뢰를 쌓고 기억을 남기며, 재방문을 유도하는 가장 강력한 이유가 된다.

이렇게 집중을 통해 구축된 전문성은 서비스 품질을 높이고 고객 경험의 깊이를 더한다. 직원이 자신만의 영역에 몰입하고 조직이 그 몰입을 지지하고 인정할 때, 오프라인 서비스 현장은 고객의 기대와 욕구를 더욱 정교하게 포착할 수 있다.

본격적인 서비스 전문가로 커리어를 쌓기 이전, 즉 15년 전만 해도 나는 카페, 레스토랑, 편의점 등에서 아르바이트 경험을 쌓았다. 그때의 내가 잠시만 일할 곳이라는 인식으로 고객을 응대하던 장면과 현재 내가 고객서비스를 '기술'로 정의하고 체득한 지금의 모습은 전혀 다르다.

중동의 항공사 중 일부는 비행 후 숙소에 돌아와 유니폼을 문 앞에 걸어놓기만 하면, 다음 비행 전 깨끗이 다림질된 유니폼을 다시 문 앞에 걸어준다. 그리고 비행 시간에 맞춰 숙소 앞에 대기 중인 셔틀버스가 출퇴근을 책임진다. 그만큼 오로지 한자리에서 집중할 수 있는 환경이 철저히 뒷받침된다는 점에 주목해야 한다.

브랜드, 공간, 시간, 그리고 무엇보다 고객까지. 오로지 한자리에서 한 역할에 몰입하는 집중의 힘은 결국 현장 전체의 무드를 결정짓는다. 다만 집중 방식이 가능하려면 반드시 충분한 인력과 자원이라는 뒷받침이 전제되어야 한다. 인력 부족과 비용 압박이 심해질수록 집중 방식은 특권으로 인식되어 변질되기 쉽다. 서비스는 누구나 할 수 있는 쉬운 일이 아니라 고도의 전문 기술이라는 점을 인정하고, 그 전문가를 키우는 조직적 투자와 보상이 반드시 필요하다.

'집중' 방식이 유지되고 성공하려면 조직의 장기적인 관점과 고객서비스라는 기술의 전문성 인정 및 보상이 필수적이다. 이는 오프라인 서비스 업계를 넘어 전 세계적인 흐름이기도 하다. 딜로이트(Deloitte)의 보고서에 따르면, 조직이 직원의 전문성과 커리어 성장에 적극적으로 투자할수록 직원 몰입도와 조직 성과가 뚜렷하게 증가하며, 이직률은 반대로 감소한다고 밝혔다(Deloitte, 2024). 그러나 현실적으로 모든 조직이 '집중의 미학'만을 실현할 수는 없다. 인력 부족과 변화의 속도, 그리고 점점 복잡해지는 고객의 요구 앞에서 우리는 자연스럽게 '순환'이라는 또 다른 선택지를 고민하게 된다. 여러 역할을 소화할 수 있는 인력이 더 효과적이지 않을까 하는 질문을 던지며 말이다.

(3) 순환 - 유연성과 몰입, 그리고 한계

한 사람의 '집중'이 만들어내는 높은 만족도의 고객 경험에도 불구하고, 모든 현장과 시점에서 이 방식이 완벽하게 작동하지 않을 수밖에 없다. 빠르게 변화하는 오프라인 서비스 환경과 인력 수급의 유연성 문제, 세대 교체로 달라진 직업관, 그리고 무엇보다도 고객의 예측 불가능한 요구 속에서, 우리는 자연스럽게 또 다른 해답, '순환'이라는 전략으로 눈을 돌릴 수밖에 없다.

한 사람이 다양한 포지션을 넘나드는 이 '하이브리드'와 같은 모델은 흔히 유연성 부족, 피로 누적에 따른 서비스 품질 저하와 같은 문제를 떠올리기 쉽지만, 분명한 강점 또한 존재한다.

순환 운영 방식의 강점을 가장 생생히 보여주는 사례가 우리 일상 가까이에 있다. 스타벅스 바리스타가 대표적인 예이다.

매년 발간하는 스타벅스 글로벌 임팩트 보고서(Starbucks Global Environmental & Social Impact Report 2023)에 따르면, 바리스타 한 명이 음료 제조, 계산대 운영, 매장 정리 등 여러 포지션을 유연하게 오가며 근무하는 멀티 포지션 트레이닝을 핵심 가치로 소개하고 있다. 특히 보고서에 언급된 문구를 그대로 옮기면, "Retail store partners are trained to rotate through different roles during a single shift, which builds teamwork, empathy, and resilience"라는 표현이 있는데, 이는 한 사람이 다양한 역할을 수행하면서 팀워크와 공감력, 그리고 변화에 대한 대처 능력을 동시에 강화할 수 있다는 점을 간접적으로 드러낸다. 실제로 스타벅스 직원 중 약 80% 이상이 연간 최소 세 가지 이상의 포지션을 경험하며, 이러한 운영 방식 덕분에 매장 전체의 서비스 품질이 일정 수준 이상 균일하게 유지된다고 평가한다.

국내 스타벅스 현장도 크게 다르지 않다. 이번 책 집필을 위해 다양한 오프라인 서비스 현직자와 인터뷰를 진행했는데, 그중 최근 3년간 스타벅스 매장에서 근무한 30대 여성 김씨와의 대화가 특히 인상적이었다. 그녀는 고객 응대POS, 매장 관리CS, 음료 제조BAR의 세 가지 포지션을 매일 넘나들며, 조직 차원에서도 이러한 순환 운영을 지지하는 문화와 함께 온라인과 오프라인을 오가는 실질적인 역량 강화 교육이 활발하게 이뤄지고 있다고 전했다.

유니클로도 패스트 리테일링Fast Retailing의 2024 통합보고서(Integrated Report 2024, Sustainability Section)를 통해 그들의 순환형 직무교육 시스템을 소개한다. 일부에서는 이를 '멀티 포지션 트레이닝'이라 부른다. 아시아권 기업 중 운영 철학과 교육 정책을 외부에 투명하게 공개한 드문 사례로 평가된다(Fast Retailing, 2024). 보고서에 따르면, 유니클로는 신입사원부터 매장 관리자급까지 모든 직원이 다양한 포지션을 순환하며 경험하는 OJTOn the Job Training 교육 방식을 도입하고 있다. 이는 어느 자리에서도 신속히 문제를 파악하고 고객 경험을 균일하게 제공할 수 있는 역량을 키우기 위한 것이다. 다만, 보고서에는 이 운영 방식이 구체적으로 수치화된 성과로 나타났는지에 대해서는 따로 언급하지 않았다. 그럼에도 불구하고 글로벌 기업이 순환 운영 모델을 적극적으로 도입하고, 운영 철학을 명확히 공개하고 있다는 사실 자체만으로도 '순환' 모델이 많은 서비스 기업에서 전략적으로 주목받고 있는 이유를 충분히 이해할 수 있다.

(4) 집중 vs 순환 - 품질 vs 유연성

유니클로의 성공 사례 역시, 그들만의 독특한 조직문화와 현장 조건이 만들어낸 결과라는 점을 반드시 염두에 둬야 한다. 순환 방식이 수치로 입증된 성과를 보여주지만, 모든 현장에 동일하게 적용할 수 없다는 점 또한 우리는 이미 경험으로 알고 있다. 여러 역할을 수행할 수는 있지만, 결국 한자리에서의 전문성에는 필연적인 한계가 존재하기 때문이다.

집중과 순환, 두 가지 운영 방식을 마주 세워 고민하는 이유는, 결국 현장의 특성과 고객의 기대를 얼마나 정확히 반영하느냐가 오프라인 서비스 경험을 좌우하기 때문이다. 비용 절감이 아니라 고객과 직원의 최적 경험을 위한 해답을 찾는 것, 그리고 이 과정에 완벽한 정답은 없음을 받아들이는 자세가 필요하다. 조직마다, 브랜드마다 상황과 조건은 다르다. 공간의 규모, 가용한 인력 수, 방문 고객의 특성, 기업의 중장기 전략, 심지어 조직문화까지. 하나의 방식으로 모든 현장을 일반화할 수 없기에, 선택은 더더욱 쉽지 않다.

그래도 현실에서 우리가 체감하는 상식이 있다. 인력과 자원이 풍부한 오프라인 공간이라면 집중을 통한 분업으로 전문성을 강화하고, 그렇지 못하면 순환 방식으로 유연성을 확보해야 한다는 것. 어느 쪽이든 고객 경험의 품질을 지키려면 도전이 필요하고 희생도 따른다.

구체적으로 또다시 떠오르는 장면이 있다. 앞서 언급했던, 베이글로 유명한 L사를 위한 단독 서비스 교육을 진행했던 순간이다. 백화점 신규 입점을 앞둔 브랜드, 그리고 현장에 투입된 100명의 직원. 사전 조사를 하며 매장을 방문했을 때 가장 인상적이었던 것은 고객이 많든 적든 변하지 않는 현장 직원들의 '진짜 미소'와 최상의 태도였다. 긴 대기 줄에서도 누구 하나 조급하거나 불친절한 모습을 보이지 않았다. 그 에너지와 품질은 결코 형식적인 매뉴얼로 만들어지는 게 아니라, 바로 그 현장의 '집중' 시스템에서 비롯된다는 것을 즉시 알아차릴 수 있었다.

교육 당일, 참석한 L사 본사 관계자 역시 나의 질문, 즉 "고객이 많아지면 당연히 직원도 많아야 한다는 철학이 맞나요?"라는 물음에 강력히 동의했다. 단지 보여주기 위한 숫자 늘리기가 아니라, 브랜드의 철학과 감성을 진정성 있게 전달하기 위해 현장 인력 운영에 전략과 자원을 집중하고 있다는 뜻이었다. 결국 이것이 요즘 시장이 열광하는 브랜드의 숨겨진 비결이 아니었나 싶다. 현장 직원의 숫자는 단순히 '우리 직원 많아요'를 자랑하기 위함이 아니다. 각각의 자리에서 최선을 다하는 직원들, 그 집중의 힘이 결국 매장 전체의 분위기와 서비스 품질을 결정짓는다.

해외 사례도 마찬가지다. 상하이 불가리 바에 갔던 기억을 다시 꺼내보면, 고객이 잠깐 화장실을 다녀온 사이에도 리셉션 직원이 "Welcome back"이라며 변함없이 자리를 지키고 있었다. 만약 비용 절감을 우선하는 순환만을 강조했다면, 리셉션은 비어 있었을 것이고 서비스의 밀도와 고객이 느끼는 감정은 분명 달라졌을 것이다.

결국 중요한 질문은 이것이다. 우리, 그리고 우리의 고객은 어떤 공간에서 어떤 서비스에 기꺼이 지갑을 열 것인가?

하지만 집중의 미학만이 정답이라면, 왜 이토록 많은 리테일 현장에서 순환 운영 방식이 자리 잡고 있을까? 다수가 선호하는 스타벅스만 봐도 그렇지 않은가. 오프라인 서비스 기업은 인력 부족 문제, 전문가를 키우기 위한 비용 부담, 변덕스러운 고객 수요, 그리고 특히 더 즉각적인 응대를 기대하는 국내 고객의 특성 등 수많은 현실적 문제와 마주하고 있다. 오직 한 사람, 한자리에만 집중하는 운영 방식으로는 솔직히 감당하기 어려운 요소가 너무 많다.

그래서 자연스럽게 순환 운영, 즉 다양한 직무를 경험하고 이해할 수 있는 멀티 포지션을 위한 교육이 현실적인 대안이 되는 것이다. 스타벅스와 유니클로 같은 글로벌 브랜드들이 전 세계 수많은 매장을 안정적으로 운영할 수 있는 것도 결국 이런 현실적이고 유연한 접근 덕분이다. 다만 이때, 기업이 얼마나 순환 방식을 잘 받아들이고 세심하게 지원하느냐에 따라 서비스 품질과 효율성의 차이는 더 커질 수밖에 없다는 것을 우리는 분명히 알아야 한다.

이때 정말 중요한 건 현장에서 실제로 일하는 직원들의 목소리를 충분히 듣고 반영하는 것이다. 왜 이 방식을 선택하는지 이유와 의도를 숨기지 않고 솔직하게 전달하고 소통해야 한다. 현장 직원들은 이미 현실적인 이유가 작동하고 있음을 다 안다. 그래서 오히려 더 투명하고 열린 소통이 직원들의 진정한 자발적 참여를 이끌어내는 가장 효과적인 방법이라는 것을 명심해야 한다.

결국 집중과 순환이라는 두 방식 모두 이상적인 모습을 품고 있지만, 각자의 한계와 잠재력을 동시에 가지고 있다. 인력이 풍부하고 고객의 기대가 정교하게 세분화될수록 '집중'의 힘이 빛날 것이고, 예측 불가능한 시장 환경에선 '순환'이 더욱 효과적인 대안이 될 수밖에 없다.

어느 한쪽으로 완전히 치우친 해법이 아니라, 각 조직의 현실과 전략적 목표, 서비스에 대한 인식, 그리고 무엇보다 고객의 기대에 얼마나 깊게 집중하고 있는지를 냉정하게 바라보는 것이 필요하지 않을까? 집중과 순환을 분리된 모델이 아닌, 브랜드와 고객, 공간과 상황에 따라 유연하게 조합하는 것. 이것이야말로 지금의 시대가 요구하는 가장 현실적이면서도 세련된 인력 운영 방식이라고 나는 믿는다.

(5) 최적화의 해법

결국 정답이 없는, '집중'과 '순환'이라는 두 가지 열쇠 중 어떤 것이 맞는지를 알기 위해서는 각자 매장의 크기, 고객 수와 같은 현장 조건과 브랜드 전략, 조직 내부의 복잡한 상황까지 모두 따져본 후 '최적화'가 무엇인지 파악하는 것이 필요하다. 해보지 않고는 알 수 없는 일이기에 충분한 소통을 바탕으로 두 가지 방식을 적절히 시험해 보고, 이 과정에서 어느 한 방법만을 고집하기보단 두 방식을 조합하거나 상황에 따라 가변적으로 바꿀 수 있는 방향을 찾아 설계하는 실험이 요구된다.

물론 '최적화'라는 것이 절대 완성된 해법을 뜻하는 것은 아니다. 오프라인 서비스 현장마다 조건은 다르기에, 언제든 움직이고 변화할 수 있는 마음과 자세를 갖추는 것이 더 중요하다. 어떤 방식이든 한 번에 완벽한 최적화를 찾을 수는 없으며, 시도와 관찰, 피드백을 통한 재설계의 과정을 끊임없이 반복하는 것이 기본이어야 한다. 본사와 현장 간의 일방적 통보가 아닌, 양측의 투명한 소통과 협력이 반드시 전제되어야 한다.

이 시점에서 특히 더 고려해야 할 요소는 오프라인 서비스 기업이 처한 성장 곡선이다. 막 문을 연 신규 브랜드나 처음 오프라인 매장을 운영하는 스타트업 단계라면, 투입할 수 있는 자원이 부족하기 때문에 최소 인력으로 한 명이 여러 역할을 맡는 순환 운영 방식이 효율적일 수밖에 없다. 한 직원이 바리스타로 음료를 제조하고, 홀 정리와 계산, 고객 응대까지 모두 맡는 방식은 초기 단계의 현실에서 효과적인 선택이다.

그러나 초기 단계를 지나 고객이 점차 늘어나면서, 고객이 기대하는 바와 원하는 경험이 많아지기 시작하면 상황은 달라진다.

고객이 많아질수록 브랜드의 철학과 감성, 그리고 이를 구현하는 서비스 품질, 즉 '인적서비스'의 중요성은 급격히 높아진다. 고객의 기대가 올라가고 브랜드만의 독특한 공간 경험이 더욱 필요해질 때부터는 한 사람이 한 역할에 깊이 집중하며 전문성을 쌓아야만 특별한 경험을 선사할 수 있다. 앞서 언급했던 파인다이닝 레스토랑의 소믈리에, 백화점의 VIP 고객을 위한 프라이빗 살롱에서의 프라이빗 쇼핑을 돕는 서비스, 철저히 훈련된 기사가 제공하는 Chauffeur Service(의전 서비스) 등 조직이 성장하고 고급화될수록 '전문성'이 곧 브랜드의 자산이 되는 모습을 우리는 자주 목격한다. 결국 특별한 경험은 화려한 콘텐츠에서만 나오는 것이 아니라, '직원 한 명'이 제공하는 집중과 몰입의 힘에서도 충분히 나올 수 있음을 나의 마르지엘라 사례에서도 충분히 설명하지 않았던가.

하고 싶은 이야기는 많지만, 사담의 비중 조절이 필요할 듯하다. 그래도 한 가지 더 덧붙이자면, 위치를 구체적으로 밝힐 순 없지만 브랜드명은 자크뮈스Jacqumus다. 브랜드가 표현하는 프랑스 남부의 여유로움과 영감을 자극하는 색감, 독특한 실루엣을 좋아하지만, 결정적으로 여러 매장 중 특정 점에만 가는 이유가 있다. 서울의 어느 자크뮈스 매장에 근무하는 한 직원 때문이다. 매 분기 그곳에서 제품을 구매하고, 주변에도 자연스럽게 추천하게 된다. 물론 자크뮈스 매장 직원 외에도 서울 곳곳에 숨은 고수들을 몇 명 더 알고 있다.

각자의 일상에서도 마찬가지다. 리테일 매장이 아니더라도, 퇴근길 편의점에서 맥주 한 캔을 사는 순간조차 괜히 불편하거나 무심한 직원이 있는 곳은 일부러 피해 가게 된다. 나만 그런 건 아닐 것이다. 불쾌했던 택시 이용 경험 후에는 꼭 그 기사님과 매칭이 되지 않도록 다음 배차에서 만나지 않기를 누르는 것도 비슷한 것 같다. 공간과 서비스는 결국 '사람'이 전부임을 뼈저리게 깨닫는다. 그리고 이런 선택이 반복되고 쌓일수록 진짜 충성 고객이 만들어지는 것이다.

사실 이 업계가 가리키는 방향은 대부분 '집중'으로 향하는 것이 어쩔 수 없는 현실이지만, 앞서 제시한 바와 같이 기업이 어떤 성장 단계에 있느냐에 따라 가변적으로 대입해야 한다는 점을 꼭 기억했으면 한다. 맥킨지McKinsey의 리테일 성장 전략 보고서에도 성장 단계가 언급되어 있는데, 기업의 '성장 단계Growth stage마다 인력 운영 전략을 달리해야 성과가 올라간다'는 설명이 있고, 이외에 여러 관련 자료를 읽으며 느낀 교차점 중 하나는 '초기에는 순환Generalist이, 성장기에는 전문가Specialist가 필요하다'는 것이었다. 결국 처음에는 한 사람이 여러 일을 소화하는 '순환' 방식이 효율적이고, 브랜드가 커질수록 한 역할에 '집중'하는 방식이 중요해진다고 이해할 수 있지만, 이를 '언제, 어떻게 전환할지'는 각 기업의 성장 곡선에 따라 다르기에, 매장과 현장 상황, 성장 단계에 따라 유연한 설계가 필수적이라는 메시지를 명확히 전달하고 싶다.

예를 들어 초기 수요 예측에 따라 1인 근무 카페를 운영하고 있다고 하자. 혼자 다 했던 초기와 달리 점차 매출이 늘고 손님들이 카페에 기대하는 서비스가 생기기 시작하면, 오히려 한 역할에 집중해 전문성을 갖춘 직원이 필요해지는 순간이 오게 된다.

이렇듯 스타벅스나 유니클로와 같은 글로벌 브랜드들이 순환 운영 방식을 어떻게 바라보고 실질적인 교육 및 지원을 하느냐에 따라 효율과 유연성을 확보할 수 있듯이, 내부에서 실제 일하는 직원들의 목소리를 충분히 수렴하고 순환 방식의 필요성을 투명하게 공유하여 직원들의 자발적 참여를 끌어내는 것이 무엇보다 중요하다.

결국 집중과 순환, 두 가지 운영 방식 모두 각각의 이상적인 부분이 존재하지만, 동시에 한계도 분명하다. 물론 자원이 넉넉한 오프라인 서비스 기업이라면, 고객의 기대가 더욱 다양하고 예측 불가능해지는 이 시대에도 '집중'의 미학만으로 버틸 수 있을지 모르지만, 분명 '순환'이 정답인 순간도 존재한다.

스타벅스에서 사이렌 오더로 미리 커피를 주문했음에도 불구하고 대기번호가 수십 번인 상황에서, '나는 홀 정리만 하는 전문가야'를 외치고 테이블에서 일어나는 손님만을 바라보고 있다면, 상상만으로도 답답하지 않은가? 매장 전체의 흐름을 빠르고 정확하게 읽고 대응할 수 있는 이유는 순환 운영을 통해 다양한 포지션을 익혔기 때문이다. 서비스가 아무나 할 수 없는 전문적 기술임을 증명하는 셈이다.

결국 중요한 것은 각 기업의 현실과 전략, 조직문화, 고객 지향성이라는 복합적 조건 속에서 집중과 순환 중 한쪽에만 기울기보다는 브랜드, 공간, 시간, 고객 유형에 따라 유연하게 최적화된 해법을 설계하는 것이다. 이 모든 시도는 단순히 비용이나 효율성 문제가 아니라, 현장 인력이 데이터를 실질적으로 활용하고 조직 전략을 피부로 체감하며 움직일 수 있는 '구조적 신뢰'가 있을 때만 힘을 발휘한다는 점을 기억하자.

이제 이 신뢰를 바탕으로, 집중과 순환이 유기적으로 연결되고, 데이터와 기술, 인간이 하는 인적서비스가 결합한 '미래형 인력 운영'은 구체적으로 어떤 모습이면 좋을지, 어떤 방향이어야 하는지에 대해 함께 짚어볼 차례다.

(6) 미래의 인력 운영 방향성 – 데이터, 기술, 그리고 인적서비스

오프라인 서비스 현장의 인력 운영 방식 역시 시대의 흐름에 맞게 변화해야 하는 결정적 이유 중 하나는 바로 '데이터'라는 새로운 기준 때문이다. 이제는 단순히 인력 숫자나 스케줄만으로 최적 운영을 논할 수 없는 시대가 되었기 때문이다.

미국 월마트Walmart는 직원의 정서적 웰빙과 멘탈 관리에도 꽤 진심을 담아 투자하고 있다. 'Me@Walmart' 앱을 비롯해 직원 의견을 자유롭게 제출할 수 있는 디지털 채널(Me@ideas)을 운영 중이며, 직원의 정신건강 지원을 위해 Lyra와 협력해 연간 최대 20회까지 무료 심리상담과 코칭을 제공한다. 또한 Doctor On Demand와의 협업을 통해 원격 정신건강 진료를 지원하고, AiRCare(현 Humankind)의 전화상담과 익명 peer-to-peer 채팅 플랫폼Supportiv을 통해 직원들의 정서적 어려움을 다각도로 관리하고 있다(Walmart, 2023). 데이터 기반으로 직원의 감정을 미리 살피고 지원 체계를 구축하는 월마트의 이런 세심한 접근 방식은 국내 서비스 기업에서도 충분히 벤치마킹할 만한 사례라고 생각한다.

일상에서도 이런 데이터 흐름이 자연스럽게 스며들고 있다. 아이폰 건강 앱의 '마음 건강Mental Wellbeing' 기능은 사용자가 하루의 감정을 선택하고 세부 키워드까지 입력하면, 이를 그래프와 통계로 제공한다. 사용자가 무의식적으로 지나쳤던 감정 변화의 패턴이 정확한 데이터로 남아, 개인적이고 조직적인 활용이 가능해진다.

감정까지 데이터화되는 이 시대, 무형의 직감에 의존한 인력 운영은 조금씩 뒤처진 방식이 되는 요즘이다. 데이터가 실제로 얼마나 현장에 활용되느냐가 브랜드의 현장 직원과 고객 경험의 수

준까지 완전히 변화시키는 시대가 되었다. 하지만 국내에서는 여전히 이런 흐름을 따라가지 못하는 기업들이 많다. 데이터 기반이 없다면, 인력 배치는 결국 '감'에 불과하다.

여러 보고서에서도 데이터 기반 직원 스케줄링이 고객 만족도를 향상시키거나, 이를 통해 이직률을 낮출 수 있음을 강조하고 있다. AI와 디지털 방식의 피드백 시스템은 이미 오프라인 서비스 기업의 기본값이 되고 있다. 그러나 무엇보다 중요한 점은 오프라인 공간의 본질이 여전히 '사람'이라는 사실이다. 데이터와 기술이 아무리 발전해도 결국 오프라인 경험의 본질은 인간적인 연결과 공감에 있다. 대다수의 오프라인 서비스 기업이 기술 도입에 시선을 돌리는 가장 큰 이유는 본사 업무 효율화이겠지만, 아이러니하게도 나는 바로 이 지점에서 현장 직원의 중요성과 가치가 뒷전으로 밀려날까 봐 우려가 된다. 본사 효율성만 바라보며 기술에 집중하는 순간, 고객과의 진정한 감정적 연결을 책임지는 현장 직원의 역할과 존재감은 점차 희미해질 수밖에 없다. 정확한 기업명은 밝힐 수 없지만, 실제 현장을 이용했을 때, 잘하고 있다고 느끼는 일부 파인다이닝이나 항공사, 호텔 등은 기술로 본사의 효율을 높이면서도, 현장 인력에 대한 투자와 관심을 오히려 더욱 강화하고 있다는 점을 잊지 말아야 한다.

서비스 업계의 진정한 경쟁력은 기술과 인간성의 균형에 있다.

본사 업무의 효율성을 높이는 기술 도입과 함께, 현장 직원에 대한 진정성 있는 투자만이 오프라인 서비스 공간의 미래를 보장할 것이다. 오프라인 서비스 기업의 미래 경쟁력은 바로 이 구조적 신뢰와 균형에서 출발해야 한다.

(7) '집중과 순환, 하이브리드 4단계 프레임워크' 제안

지금부터 제안하는 '집중과 순환의 하이브리드 4단계 프레임워크'는 단순히 현장 인력의 효율적 배치만을 위한 방법론이 아니다. 그보다는 현장 직원들의 미묘한 감정선을 정교하게 읽어내고, 이 미세한 리듬을 고객 경험과 연결해 오프라인 서비스의 구조적 변화를 끌어내기 위한 일종의 설계에 가깝다.

물론 이 프레임워크가 절대적 정답이거나 그대로 가져다 쓸 수 있는 만능 솔루션이라는 뜻은 결코 아니다. 현장의 조건, 브랜드의 정체성, 조직의 현실에 따라 얼마든지 수정하고 재설계하는 과정이 필요하다. 다양한 업종과 규모를 포괄하는 일반적인 예시이기에, 여러분이 실제 현장에서 '움직이는 이야기'로 바꾸는 재창조가 필수적이다.

이제부터 제안할 4단계 프레임워크를 통해, 각자의 현장과 조직만의 리듬을 재발견하고, 직원과 고객 모두가 공감할 수 있는 '진짜 변화'를 만들어내길 바란다.

① 리듬과 온도 진단: 현장 온도의 데이터화

진짜 시작점은 본사가 만든 딱딱한 체크리스트가 아니라, 지금 현장에 있는 직원들의 감정과 온도를 세밀하게 읽어내는 일이다. 이 과정을 생략하면, 고객 경험의 온도도 절대 제대로 설계할 수 없다. 이런 생각은 월마트의 실시간 현장 피드백 시스템, 그리고 아이폰의 "오늘 하루, 기분이 어땠나요?"라는 건강 앱의 미묘한 알림에서 받았던 자극으로부터 시작됐다.

방법 자체는 결코 특별하지 않지만, 제대로 작동시키려면 반드시 실질적인 IT 투자가 필요하다. 현장 전용 앱, 키오스크, 데이터 연동 시스템, 백엔드 인프라, 대시보드, 그리고 실시간 리포팅 체계를 구축해야만 수집-분석-공유-정책반영이라는 선순환이 가능하다(McKinsey & Company, 2019).

물론, 직원과 고객의 감정을 수집하기 위해 뭘 이렇게까지 해야 하느냐는 회의감이 들 수도 있다. 하지만 내가 무너진 국내 오프라인 서비스의 근본 원인을 끊임없이 구조에서 찾고, 투자와 지원을 강조하는 이유가 바로 여기에 있다. 좋은 마음가짐이나 열정만으로 현장은 절대 바뀌지 않는다. 조직이 비용을 들여 체계를 갖추고 투자를 병행해야만, 서비스가 다시 숨을 쉬고 결국 우리가 그토록 쉽게 말하는 '고객 경험 향상'이라는 결과로 이어질 수 있다.

"오늘 업무 중 어떤 감정을 느꼈나요?" "무엇 때문에 불편함을 느꼈나요?" "좋지 않았던 감정을 어떻게 표현하고 싶나요?"와 같은 구체적 질문으로 데이터를 세밀히 수집하면 된다. 감정 표현도 '화남' '불안함' '외로움' '피로감' '무력감'처럼 구체적으로 세분화할 수 있다(Plutchik, 2001).

직원뿐 아니라 고객의 감정 흐름도 실시간으로 기록해야 한다. 어떤 시점, 어느 위치에서 그런 감정이 발생했는지 구체적으로 기록할수록, 분석 결과는 더욱 입체적이고 현실적으로 쌓인다. 정량적인 숫자 데이터뿐 아니라, 목소리 톤, 표정, 표현 방식 같은 정성적 데이터도 필수다. 본사 직원이 현장을 방문해 각 잡힌 공식 인터뷰보다는 자연스러운 스몰토크나 익명 오픈채팅을 통해, 진짜 날것의 목소리를 건져 올리는 것도 좋은 방법이다.

리테일 매장이라면 고객 동선 전체에서, 호텔이라면 예약부터 체크아웃까지의 전 구간에서, 항공사라면 체크인부터 도착까지 단계별로 직원과 고객의 불편이나 감정 변화를 기록하는 구조가 필요하다. 매장이나 호텔, 공항 등의 서비스 주요 지점에 키오스크나 QR코드, 모바일 앱을 배치해 "지금 불편한 점이 있나요?" "방금 서비스에서 기억에 남는 순간이 있었나요?" 같은 간단한 설문이나 감정 이모지 입력을 쉽게 할 수 있도록 유도하면 된다.

최근 국내 자라ZARA 매장에서도 비슷한 경험을 했다. 매장 곳곳에 배치된 스탠딩 터치스크린은 서비스 만족도나 불편 사항을 간편하게 입력할 수 있었고, 조작이 매우 직관적이었다. 참여를 강요하는 느낌 없이, 고객의 자연스러운 동선을 방해하지 않고 공간에 녹아든다는 점이 특히 인상적이었다.

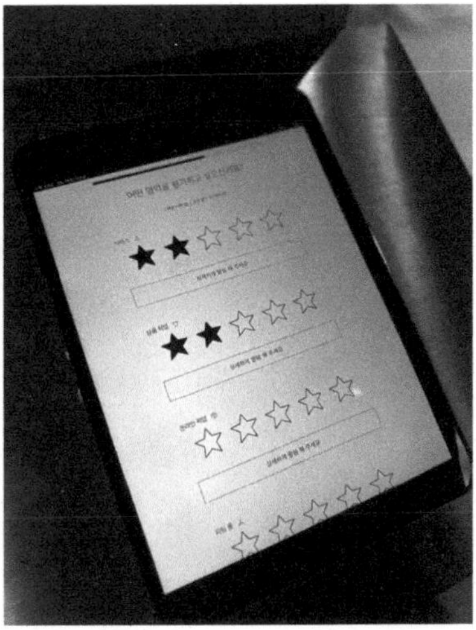

직원을 위한 감정 기록은 조금 더 세밀한 접근이 필요하다. 예를 들어 업무용 앱이나 내부 메신저에 "오늘 업무 중 가장 짜증났거나 뿌듯했던 순간을 기록해 주세요." 같은 알림을 정기적으로 띄워 즉시 기록하게 한다. 기록된 감정은 곧바로 취합되어 패턴 분석이 가능하도록 시스템과 연동되어야 한다. 특히 철저한 익명 보장이 없다면 응답을 망설일 수밖에 없으니, 익명 오픈채팅이나 부담 없는 피드백 채널을 반드시 제공해야 한다. 익명성은 단순히 직원을 보호하는 수단을 넘어, 더욱 솔직하고 현장감 있는 의견을 끌어내는 핵심이 된다.

고객이든 직원이든 누구나 자유롭게 경험과 감정을 남길 수 있어야 '불편했던 지점'과 '좋지 않은 경험'을 제대로 포착할 수 있다. 현장 리더는 주기적으로 수집된 정량 · 정성 감정 데이터를 간략한 리포트 형태로 본사와 공유하되, 본사는 이를 실시간 감시가 아니라 해석과 판단의 권한을 현장에 남겨둬야 이 프레임워크가 제대로 작동할 수 있다.

결국 이 과정의 핵심은 현장 리듬에 대한 자기 평가와 개선 의견이 단순히 점검 항목으로만 끝나지 않고, 현장 진단의 밀도와 '실질적인 변화'로 이어질 수 있도록 끝까지 지켜내는 데 있다.

② 2단계: 몰입의 강화, 순환의 확장

1단계에서 수집된 '현장 리듬' 데이터는 기존의 평면적인 VOC 데이터와는 결이 완전히 다르다. 단순히 '만족'과 '불만족'을 넘어, 정확히 어떤 순간에 몰입이 필요하고, 어떤 구간에서 유연한 순환이 효과적인지를 현장의 감정선을 따라 생생히 기록한 자료다.

2단계는 이 데이터를 바탕으로 어디에(공간), 언제(시간), 누구를(사람과 역할), 어떻게(동선 및 배치) 움직일지를 구체적으로 설계하는 과정이다. 이 설계는 책상 위의 상상이 아니라, 현장 위에서 직원과 고객이 실제로 체감할 수 있는 경험을 그린다는 자세로 접근해야 한다. 필요하다면 현장 직원으로 유니폼을 입고, 고객을 직접 응대하는 경험까지 해봐야 한다. 고객서비스의 영역에 있는 사람이라면 반드시 그래야 한다. 고객과 마주하는 그 치열함을 온몸으로 겪어보지도 않고 고객, 공간, 현장 직원을 중심으로 기획과 전략을 짜겠다는 건 지극히 개인적인 생각이긴 하지만, 오만이다. 책상 위에서만 그려낸 서비스는 그럴듯해 보일지 몰라도, 치열한 현장에 도착하면 한없이 초라해진다. 현장 직원들의 점심 식사용 가십거리에 불과하다. 고객을 모르고 현장 직원을 모르면서 만들어낸 전략은 아무도 설득하지 못한다.

쉽게 말하면, 이 단계는 '지도를 그리는 것'과 같다. '불만족 구역'을 표시하는 것이 아니라, 어떤 공간, 어떤 시간에 집중 배치가 필요하고 어디서는 순환 배치가 효과적인지를 한눈에 볼 수 있게 하는 일종의 '현장 운영 설계도'다.

조금 더 이해하기 쉽게 예를 들어보자. 위치와 시간 등은 모두 이해를 돕기 위한 예시일 뿐이다.

- A존(고객 응대 프런트): 평일 오후 2~5시 집중 응대 필요
- B존(식음 · 라운지 · 서비스 존): 금 · 토 저녁 6~9시 순환 강화

- C존(이벤트 · 팝업 · 체험존): 주말 오후 교차 인력 운영
- D존(공항 체크인 카운터): 피크타임 2시간 집중–순환 하이브리드
- E존(호텔 컨시어지 · 로비): 투숙객 집중 시간 1:1 몰입 응대, 저녁 멀티 포지션

호텔 컨시어지나 공항 카운터처럼 특정 시간대에 집중과 순환을 혼합하는 방식은 이미 쓰이고 있지만, 여전히 많은 현장은 직관이나 습관에 의존하는 게 현실이다. 내가 제안하는 것은 데이터와 감정선을 활용한 보다 구조적이고 명확한 접근이 필요하다는 것이다.

최근 들어 이 시장에서는 최적의 인력 배치 문제가 더욱 민감하고 정교해지고 있다. 하이엔드 워치와 주얼리 브랜드가 초개인화된 프라이빗 공간을 제공하듯, 일반 리테일 공간조차 몰입과 순환을 전략적으로 설계하는 게 필수적이다. 은행이나 금융권에서도 HNWI(초고액자산가) 고객에게 단순한 물질적 혜택을 넘어 돈으로 살 수 없는 특별한 경험을 제공하고 있다. 이제 고객들은 돈으로는 쉽게 살 수 없는 경험을 기대한다. 예를 들어, 후지산 설경 아래에서 피아니스트 조성진이 연주하는 모리스 라벨의 〈물의 유희Jeux d'eau〉를 눈앞에서 감상하는 순간 같은 것 말이다. 생각만 해도 짜릿하지 않은가? 오프라인의 진짜 힘은 바로 여기서 결정된다.

나 역시 최근 올리브영 골드 등급을 달성하고 성수 라운지를 경험하며, 업종을 불문하고 최상위 고객을 위한 몰입적 경험이 필수가 됐음을 몸소 느꼈다. 직원이 '지금은 단 한 사람에게만 집중하면 된다'는 심리적 여유를 느낄 때, 그 여유는 그대로 고객에게 전달된다.

평소 등급 유지를 위해 선호하는 항공사는 두 곳이다. 한 항공사에서는 승객 한 명 한 명에게 시간이 느리게 흘러간다. 서비스가 여유롭고 부드럽기 때문이다. 또 다른 항공사 역시 객실 승무원은 친절하지만, 언제나 다음 승객을 향한 빠른 움직임이 느껴진다. 한 승무원이 담당하는 승객 수의 차이가 가장 큰 원인이다. 같은 친절이라도 여유로운 리듬이 있느냐 없느냐는 완전히 다른 품격을 만든다.

기술 역시 고객 몰입을 방해하지 않고 보조적 역할로만 머물러야 한다. 최근 한 백화점 VIP 라운지에서 고객 퇴실 직전 쿠폰을 자동으로 발송하는 방식을 마치 기술 접목을 통한 진보된 서비스인 양 자랑하는 기사를 보며, 처음엔 세련된 초개인화로 느껴졌으나 결국엔 '초간섭화'에 가깝다는 느낌을 지울 수 없었다. 고객이 아닌 기술 중심적 접근은 결국 고객의 감정선과 거리를 만든다.

요즘의 디지털 피로digital fatigue와 디지털 디톡스digital detox 트렌드를 보면, '물성의 가치'가 다시금 중요해지고 있지 않은가. 라운지에서 나가는 고객에게 벨벳 질감의 FSC 인증 친환경 고급 섬유 혼합지(이탈리아 페드리니社, 영국 GF Smith社 등의 벨벳 코팅 · 패브릭 텍스처를 살린 고급 재생지 혹은 식물성 소재)를 활용한 할인 쿠폰을 정성스럽게 건네며 짧은 한마디를 곁들이는 것만으로도 완전히 다른 경험이 된다. 이는 2008년 마르지엘라 베이징 전시에서 선보인 녹차 티백 태그 초대장처럼 평범하지만 특별한 경험으로 오랫동안 기억될 것이다.

가격 택 하나가 너무 섬세하고 독특하게 만들어져 차마 버리지 못하고 잠시 손에 쥐고 망설였던 경험이 있지 않은가? 물성의 가치가 녹아 있는 작은 디테일은, 우리가 무심코 쓰고 버리는 그 순간에도 특별한 감정을 불러일으키는 것과 같은 이치일 것이다.

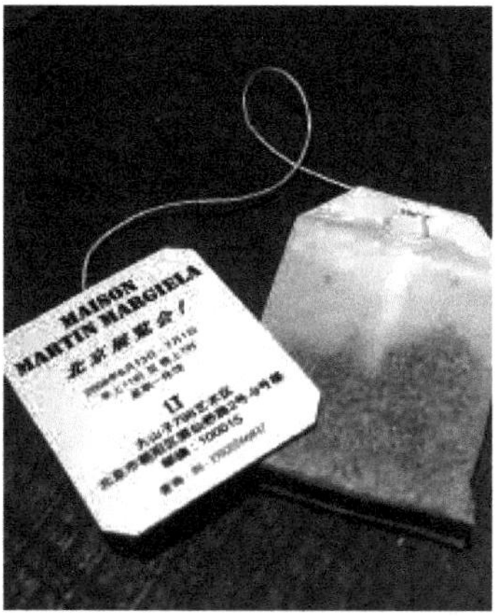

반대로 고객이 몰리는 팝업스토어나 식음 구역, 일반 병동 대기실 등에서는 순환 배치를 필수로 고려해야 한다. 근무표에 명확한 '순환 시간대'와 '교차 역할'을 표시하고, 현장 관리자가 실시간으로 배치와 동선을 유연하게 조정할 수 있어야 한다. 이는 IT 솔루션이 반드시 필요하다. 현실적으로 앱, 대시보드, 모바일 툴 등의 개발 및 도입 없이 수기로 짜거나, 현장에 "알아서 하세요"라고 하는 건 이미 한참 시대에 뒤처진 방식이다.

이러한 IT 솔루션을 활용한 체계적인 접근은 매일 아침 짧고 강한 브리핑을 통해 바로 공유돼야 한다. 처음에는 낯설고 심지어는 저항감이 들 수 있으며, 주변에서도 회의적인 시선을 보낼 것이다. 하지만 이 구조가 본사가 아닌, 결국 현장과 직원이 진정한 주인공임을 꾸준히, 그리고 진정성 있게 전달한다면 받아들일 수 있는 방식이라 생각한다.

물론 각 조직의 오프라인 공간 특성에 맞게 구체적인 설계와 변형을 해야겠지만, 이 모든 과정의 최종 목적은 결국 '직원과 고객이 함께 호흡하고 움직이는, 살아 있는 현장 리듬'을 실제로 설계하고 관리하는 데 있다는 것을 기억하자.

이제 다음 단계(3단계)는 이렇게 설계된 방식이 현장에서 제대로 작동하는지, 몰입지수와 순환지수라는 구체적인 지표로 실시간 측정하고 명확히 조정하는 단계로 넘어간다.

③ 3단계: 검증, 그리고 실시간 조정

2단계까지는 현장의 리듬을 지도처럼 시각화했다면, 이제 3단계에서는 이 구조가 실제로 잘 작동하는지 실시간으로 확인하고, 바로 조정할 수 있는 단계를 만드는 것이 필요하다.

사실 몰입지수와 순환지수를 초기에 떠올렸을 때, 특별히 대단한 전문가적 직관이나 이론 때문은 아니었다. 오히려 현장에서 수없이 부딪힌 문제와 경험, 그리고 연구소에서 일하며 수많은 연구 논문과 보고서를 봤던 다양한 선행 사례들이 섞이면서 자연스럽게 만들어진 지표에 가깝다.

고객서비스라는 범위 안에서 수년간을 일하고 버텨오며 내 머릿속을 끊임없이 두드린 질문 하나가 있다. "왜 현장 직원들은, 그 누구도 공감하지 못할 숫자들로만 자신들의 하루를 평가받아야 하는 걸까?" 고객과 직원의 생생한 감정선과 실제 경험을 그대로 담아내는 살아 있는 지표가 절실히 필요했다.

이번 책을 준비하면서 해외 리테일 업계의 다양한 데이터 기반 운영 사례들을 꼼꼼히 살펴봤는데, 그중에서도 월마트Walmart의 'Data Café' 시스템은 특히 인상적이었다. 월마트는 이미 수년 전부터 매장에서 발생하는 방대한 양의 데이터를 실시간으로 분석해, 현장의 문제를 단 20분 내로 해결하는 초고속 대응 체계를 구축하고 있었다(Bernard Marr, 2016). 현장 문제 해결에 며칠씩 걸리는 것을 당연하게 여기던 당시의 국내 업계 현실을 떠올리면, 월마트는 거의 충격에 가까운 선구적 사례였다. 이미 오래전부터 데이터가 얼마나 현장 운영과 밀착될 수 있는지, 그리고 현장 직원과 고객 경험 관리에 있어 데이터가 얼마나 신속하고 정확한 도구로 작동할 수 있는지를 증명한 것이다.

웨그먼스Wegmans 역시 오래전부터 직원 만족도를 데이터 기반으로 관리하는 운영 전략 덕분에 Fortune이 선정하는 '가장 일하기 좋은 기업'에 매년 이름을 올리는 것으로 보인다. 이러한 글로벌 사례들은 결국 몰입지수와 순환지수라는 개념을 구체화하는 데 가장 중요한 영감을 주었다.

이 책에선, 해외 사례를 그대로 사용하는 것이 아니라, 나의 15년간 현장 경험과 섬세한 서비스 감각을 녹여 우리나라 오프라인 서비스 환경에 맞게 조금 더 현실적이고 감각적으로 재창조한 개념을 제시하고 싶었다. 그렇게 대단하지는 않지만, 새로운 개념이 바로 '몰입지수'와 '순환지수'다.

몰입지수와 순환지수는 직원과 고객이 현장에서 실제로 얼마나 이상적인 상태를 유지하는지를 직관적으로 보여주는 지표다.

우선, 몰입지수는 말 그대로 현장에서 직원과 고객이 특정 공간, 특정 순간에 얼마나 제대로 된 몰입을 경험할 수 있는 환경이었는지를 나타내는 지표다. 복잡한 이론 없이 아주 간단히 표현하면 이렇다. 이 역시도 참고용 예시인 점을 감안하고 봐줬으면 한다.

몰입지수(%) = (실제 투입된 직원 수 ÷ 이상적 직원 수) × 100

쉽게 설명하면, 오후 피크타임에 이상적으로 필요한 직원이 10명인데 실제로는 7명만 근무했다면, 그날의 몰입지수는 70점이 되는 셈이다. 물론 이때의 '이상적인 직원 수'라는 건 단순히 경험적 직관이나 현장 감각으로만 판단하는 것이 아니라, 과거 고객 방문 데이터를 기반으로 '시간당 평균 방문 고객 수'를 측정한 후, 직원 한 명이 한 번에 무리하지 않고 가장 최적의 몰입 상태로 응대할 수 있는 적정 고객 수, 즉 고객 수용력으로 나누어 계산한다. 여기서 얻어진 수치에 다시 한번 실제 고객의 피드백, 그리고 직원들의 감정적 피로도를 세심하게 반영하여 현실적으로 미세 조정하는 것이다. 결국 이 지표가 목표로 하는 건, 현장 직원이 심리적으로 안정된 상태에서 최적의 몰입을 제공할 수 있는 환경, 그리고 그 환경이 고객의 경험까지도 가장 이상적으로 끌어올릴 수 있는, 가장 현실적인 지점이 될 것이라 생각한다.

순환지수는 직원들이 얼마나 자주, 그리고 적절히 순환 배치되었는지를 나타낸다. 계산법은 간단히 직원이 같은 위치에 머문 시간으로 측정한다.

순환지수(점수) = (이상적 순환 시간 ÷ 실제 연속 근무 시간) × 100

최적의 순환 근무 시간이 60분이라고 가정할 때, 실제 현장에서는 직원이 120분간 연속으로 근무했다면 그날의 순환지수는 50점으로 떨어진다. 여기서 제시한 '최적의 순환 시간'이라는 기준은 이 책의 개념을 명확히 전달하기 위한 하나의 예시이며, 다양한 오프라인 현장 직원들의 인터뷰와 실제 업무 피로도를 측정한 연구 사례, 그리고 항공사를 비롯해 글로벌 서비스 기업들이 채택하고 있는 운영 데이터를 두루 종합해 설정한 것이다. 물론 이 숫자는 고정된 정답이 아니다. 현장마다 고객의 특성이나 직원 업무의 성격, 그리고 공간의 환경에 따라 얼마든지 달라질 수 있고 또 그래야 한다. 근무 순환 주기가 너무 짧으면 직원들이 자주 위치를 옮기느라 혼란스러워지고, 반대로 너무 길어지면 직원들이 피로를 느끼거나 몰입이 깨지며 감정적인 소진이 빠르게 찾아올 수 있다. 결국 중요한 건, 몰입과 순환 사이의 균형을 유지할 수 있는 가장 이상적인 주기를 각 조직과 현장에 맞게 찾는 일이다.

또 다른 예로, A존에서 몰입지수가 목표치인 80점이 아닌 60점으로 떨어졌다면, 단순히 숫자 하나에 실망하고 넘어갈 일이 아니다. 곧바로 현장에서는 이런 대화가 시작돼야 한다. "왜 가장 중요한 시간대에 직원이 부족했던 거지?" "지원 요청이 현장에 제대로 전달되지 않았던 건 아닐까?" "배치 기준이 모호해서 직원들이 혼란스러워한 건 아닐까?" 반대로 B존에서 순환지수가 지나치게 높게 나타났다면, 이것은 직원들이 너무 자주 역할과 위치를 바꾸는 탓에 오히려 업무 집중력과 리듬이 깨졌다는 의미로 해석해야 한다.

이런 데이터를 하루에 몇 번씩 실시간으로 확인하고, 현장 직원들과 부담 없는 짧은 대화를 나누며 빠르게 대응하고 수정하는 것이 이 지수들의 본질이다. 몰입지수나 순환지수는 본사에서 일방적으로 결정해 내려보내는 평가 지표가 아니다. 오히려 현장 관리자가 매일 아침 단 3분 만이라도 짧고 명확한 브리핑을 통해 직원들과 함께 공유하고 현장 의견을 바로 반영할 때 그 가치가 살아난다. 이런 긴밀한 소통과 신속한 대응이 가능하도록, 개발을 위한 투자는 필요하겠지만, 대략적으로 실제 현장에서 어떻게 IT 솔루션을 활용할 수 있는지 다음 표를 참고해 보면 좋겠다.

오프라인 서비스 현장 운영을 위한 IT 솔루션 활용 예시

구분	활용 툴 / 채널	기능 설명	현장 체감 포인트
근무 배치 및 동선	대시보드, 앱	직원별 역할 및 이동 경로 실시간 공유	배치 혼선 최소화 및 즉각 대응 가능
상황 공유 및 알림	푸시, 메신저	운영 변동 및 긴급 사항 실시간 전파	현장 내 신속한 의사 결정 촉진
현장 직원 피드백	모바일 설문	근무 종료 직후 업무 관련 피드백 수집	업무 개선 속도 증대
데이터 시각화	통합 대시보드	몰입지수, 순환지수 실시간 시각화	운영 현황의 직관적 이해 용이

AI 기반 추천 시스템	자동 교대 추천	데이터 기반 최적 근무자 자동 추천	인력 운영 효율성 증대
실시간 커뮤니케이션	그룹 채팅	직원 간 즉시 소통 창구 마련	문제 발생 시 빠른 대응 가능

위에서 본 표의 각 기능은 단순히 디지털 툴을 소개하기 위한 것이 아니다. 현장 직원과 관리자가 매일의 업무 흐름을 살아 있는 리듬처럼 공유하고 신속히 대응할 수 있도록 돕기 위한 일종의 가이드라인이다. 물론 처음부터 매끄럽게 정착되긴 어렵다. 현장 직원에게 낯설고 부담스럽게 느껴질 수도 있고, 본사나 주변에서도 회의적 시선으로 바라볼 수 있다. 하지만 이 시스템이 결국 본사가 아닌 현장과 직원이 진정한 주인공이라는 점을 꾸준히, 그리고 진정성 있게 강조하면 충분히 받아들일 수 있는 방식이라고 믿는다.

물론 이 방식도 각 조직과 현장의 특성에 맞게 세부적인 조정과 변형이 필요할 것이다.

그러나 어떤 형태로 진화하든, 결국 이 모든 변화가 지향해야 할 최종 목적은 단 하나다. 우리가 진정으로 설계하고 지켜야 하는 건, 결국 직원과 고객이 같은 리듬으로 숨쉬고, 같은 속도로 움직이는 '살아 있는 현장'이라는 점이다.

오프라인 서비스의 리듬은 생각보다 훨씬 더 빠르고 민감하게 바뀐다. 공간에 담긴 사람과 그 안을 흐르는 감정의 온도가 서로 맞물려야, 우리가 그토록 추구하는 진정한 품격이 완성된다. 이런 품격은 장시간 모니터 앞에서 만든 긴 보고서나 복잡한 숫자가 아니라, 오늘 바로 실행 가능한 짧고 확실한 '진짜' 행동을 통해 일상적으로 완성된다.

그런데도 현실을 돌아보면 늘 비슷한 질문만 반복된다. "이번 달 매출 얼마야?" "실적 목표는 왜 달성 못 했어?" 중요한 질문들이지만, 결국 이 숫자를 만들어내는 건 사람과 공간의 움직임이다. 그렇다면 진짜로 현장에서 물어야 하는 질문은 다음과 같지 않을까?

"오늘 고객이 가장 오래 머물렀던 구간은 어디였죠? 거기서 어떤 일이 있었나요?"

"순환 배치가 가장 어려웠던 시간대는 언제일까요?"

"지금 이 순간, 우리가 가장 먼저 손봐야 할 현장의 리듬은 뭘까요?"

"고객의 감정이 끊어져 공간에서 이탈한 순간은 언제였죠?"

바로 이런 현장 직원과 철저히 고객 지향적인 관점의 질문들이 매일의 언어로 자리 잡을 때, 현장은 비로소 숫자가 아닌 감정과 경험으로 살아 숨쉬게 되는 것이 아닐지. 이 사실을 잊는 순간, 기업의 서비스는 방향을 잃고, 공간의 심장은 아주 서서히, 그러나 분명하게 멈춰간다. 마치 심정지가 찾아오듯이.

④ 4단계: 일상, 문화, 그리고 변화의 지속

1단계에서 '현장 리듬'을 정교하게 감지하고, 2단계에서 그 리듬을 직관적이고 명확한 지도로 시각화한 뒤, 3단계에서 몰입지수와 순환지수로 실시간 운영을 검증하고 조정했다면, 마지막 4단계는 이 모든 흐름이 '일상'이 되고, 결국 '조직문화'가 되는 순간을 설계하는 단계다.

누군가에게 보여주기 위한, 성과를 내기 위한 목적성이 짙은 일회성 변화로 끝나는 건 아무 의미가 없다. 현장에서의 변화가 매일의 언어로, 팀원 간 자연스러운 대화로, 신입 직원조차 '원래 이렇게 일해 왔다'고 느낄 만큼 당연하게 녹아드는 단계, 이게 진짜 4단계의 목표다.

현장 브리핑에서 직원들 간에 이렇게 말한다고 생각해 보자.

"A존 몰입지수가 오늘 떨어졌는데, 혹시 무슨 문제 있었나요?"

"B존 순환지수가 너무 높아요. 교대 방식을 다시 한번 조정해 볼까요?"

"오늘 나온 피드백은 내일 오전에 바로 적용해서 실험해 봅시다."

이런 대화가 하루, 일주일, 한 달을 넘어 어느 순간 "우리는 원래 이렇게 일한다"는 자연스러운 집단 리듬으로 자리 잡을 때, 비로소 오프라인 서비스의 '진짜 힘'이 조직 내에서 문화로 인정받게 된다.

이 단계에서 절대 잊으면 안 되는 것은, 조직에 변화가 생기고 리더가 바뀌어도 이 기준과 리듬이 사라지지 않도록 매일의 작은 실천과 피드백을 반복해 조직의 방식으로 만들어야 한다는 것이다. 그리고 이 모든 과정을 살아 있게 만드는 핵심은 '유연성'이다. 이 책에서 제안한 4단계, 몰입지수, 순환지수 등은 어디까지나 이해를 돕기 위한 하나의 수단이자 예시일 뿐 절대 완성형이 아니다. 현장마다, 조직마다 자신에게 맞게 변형하고 발전시키며 움직여야만 진짜 살아 있는 변화가 된다. "우리 매장엔 이 기준 대신 저 기준을 더 강화합시다." "이 방식은 우리 조직에 맞지 않으니, 이렇게 수정해 봅시다."

이런 유연한 피드백과 수정이 반복되어야 한다. 공간이든 직원이든 리듬이 멈추면 결국 고객도 멈춘다. 따라서 여기서 말하는 4단계는 절대적인 정답이 아닌, 변화의 '시작점'이다.

구체적으로 이 변화가 조직 내에서 완전히 습관이 되고 문화로 굳어지기 위한, 실현 가능한 몇 가지 방법을 제안하고자 한다. 여기서 제시하는 방식이 정답은 아니다. 오히려 중요한 것은 꾸준히 실험하고 점검하는 과정을 통해 각자의 현장에 맞는 방식으로 다듬어 가는 것이다.

• **매일 아침 단 5분, '현장 리듬 체크'**

몰입지수, 순환지수 등 핵심 지표를 중심으로 전날 현장의 움직임을 직관적으로 정리한다. 구구절절 긴 이야기는 생략하고, 무엇을 시도했고 어떤 결과가 나왔는지 명확히 전달하는 것이 핵심이다.

• **매주 한 번, '변화의 속도 점검'**

한 주 동안 시도했던 변화 중 잘된 것과 잘되지 않은 것을 투명하게 공유하는 시간을 마련한다. 이 과정에서 중요한 건 성공을 축하하기보다는 실패를 편안히 말할 수 있는 분위기다. 성공과 실패를 정리한 뒤, 다음 주에 정확히 무엇을 시도할지 짧고 명확하게 합의한다.

• **분기별, '직원이 직접 주도하는 현장 리셋'**

본사나 관리자가 일방적으로 이끌지 않고, 현장 직원들이 스스로 기획하고 참여하는 피드백 세션을 만든다. 형식은 편할수록 좋다. 직원들이 가장 쉽게 말할 수 있는 방법으로, 그들이 직접 현장 리듬을 진단하고 구체적인 변화를 제안할 수 있도록 자리를 마련해 줘야 한다.

이 책의 이 페이지를 그냥 넘기지 말고, 잠시 책을 덮고 스스로에게 구체적인 질문을 던져봤으면 한다.

"이 아이디어 중, 당장 내일부터 우리 현장에 맞게 변형해 적용해 볼 수 있는 건 뭘까?"

"다음 주 우리 팀 회의에서 가장 먼저 던져볼 만한 질문은 무엇일까?"

"지금 우리 현장에 가장 필요한 변화의 습관 하나를 꼽는다면 무엇인가?"

결국 남들과 다른 차이를 만드는 건 끊임없이 던지는 '왜'라는 질문이다. 현장에서 실제로 변화를 만드는 사람은, 답이 아닌 질문을 던질 수 있는 사람이다. 질문을 멈추지 않는 사람만이 서비스의 본질에서 벗어나지 않고, 진짜 변화의 주인공이 된다. 특히 오프라인 서비스 기업일수록 이 점을 더 깊이 기억할 필요가 있다. 오프라인 현장에서 촘촘하고 꼼꼼한 매뉴얼이 중요한 것은 맞지만, 정말로 중요한 건 매뉴얼이나 시스템을 완벽하고 세련되게 다듬는 게 아니다. 진짜로 중요한 건 현장에서 변화가 '습관'으로 자리 잡고, 그 습관이 자연스럽게 '일상'이 되어, 궁극적으로 조직의 '문화'로 단단히 굳어지는 순간을 만들어내는 일이다.

처음에는 어색하고 저항이 따를 수 있지만, 한 계절만 꾸준히 이어가도 현장에 자연스럽게 녹아드는 순간이 반드시 온다. 다만 이 책에서 제안한 방식이 모두에게 통용되는 절대적인 해답은 아니다. 각자의 현장 상황에 맞는 변화의 출발점으로 삼기를 권할 뿐이다.

책이라는 매체 특성상, 어쩌면 불필요하게 긴 설명이나 문장이 있었을지 모른다. 하지만 한 가지 분명히 말할 수 있는 것은, 지금 우리 조직이 겪고 있는 것이 '오프라인 서비스의 심정지'라면, 앞으로 10년 후에도 이 공간이 여전히 살아 숨쉬기 위해 우리가 오늘부터 던져야 할 질문이 있다는 것이다.

"오늘 우리는 무엇을 공간과 직원이 있는 현장, 그리고 최종 목적지인 고객을 위해 새롭게 시도했는가?"

이 질문을 매일 습관처럼 던지고 답하는 것부터 다시 시작해야 한다.

오프라인 서비스의 성패는 복잡한 설계가 아니라, 시스템을 얼마나 진정성 있게 전달하고, 얼마나 오래 조직의 문화로 자연스럽게 녹여낼 수 있느냐가 더 중요할 것이다.

"조직의 리듬은 매출 그래프가 아니라, 사람의 경험과 온도, 그리고 끊임없이 이어지는 변화의 습관 위에서 만들어진다."

이제 당신이 속한 오프라인 서비스 기업의 조직을 한번 돌아보자. 당신의 현장은 '집중'과 '순환' 중 어느 쪽으로 더 기울어 있는가? 본사의 효율성과 편의성을 위해 설계된 방식을, 현장을 위한 배려인 것처럼 무의식적으로 자기합리화하고 있는 것은 아닌가? 그렇다면 당신은 '진짜' 현장을 모르는 사람이다. 현장과의 진정한 공감과 이해 없이, '현장 중심'이라는 매력적인 용어 뒤에 은밀히 숨어 있는 건 오히려 또 다른 본사의 편의가 아닐까? 조직의 선택이 직원의 만족도와 함께 최종 목적인 고객 경험 향상에 진정으로 기여하고 있다고 자신 있게 말할 수 있는가? 이 질문을 안고 다음 장으로 넘어가, 우리가 흔히 간과하는 진짜 의미 있는 '성과'와 '지표'에 대해 다시 한번 깊이 있게 고민해 보자.

흔히 KPI라고 하면 떠올리는 것은 매출, 객단가, 방문 고객 수 같은 숫자들이다. 물론 중요하다. 그러나 이 장까지 따라온 독자라면, 숫자만으로는 무언가 부족하다는 걸 누구보다 잘 이해하고 있을 것이다.

진짜 의미 있는 KPI는 숫자 너머 고객과 직원의 감정이 어떻게 연결되고 융합되는지를 보여주는 것이어야 한다. 다시 말해, 고객의 경험과 현장 직원의 감정적 성장이 실제 성과와 어떻게 구체적으로 연결되는지를 명확하게 보여주는 지표로 다시 정의되어야 한다. 그것이 우리가 새롭게 찾아내고자 하는 KPI의 진짜 얼굴이다.

11장

서비스 페어링: 본사와 현장의 감정적 랠리(Rally)

현장의 진짜 온도를 과연 책상 위에서 이해할 수 있을까? 본사는 실적 압박 속에서 현장의 목소리에 귀 기울일 여유조차 없고, 현장은 현실과 괴리된 전략과 정책 앞에서 냉소적으로 대응할 수밖에 없다. 서로를 이해하지 못한 채, 점점 멀어진 결과는 고스란히 고객의 몫임을 꼭 기억해야 한다. 고객 경험은 이미 오래전부터 조용히 무너져 왔다. 그저 허울뿐인 웃음과 형식적인 친절만으로 서로를 잠시나마 견디고 있을 뿐이다.

결론부터 말하자면, 이 문제의 본질을 제대로 이해하려면 현장에 직접 서보지 않고는 절대 알 수 없다는 것이다. 특히 오프라인 서비스 공간에서는 현장 직원의 역할과 고충을 파악하는 것이 더욱 중요하다. 업계를 막론하고 오프라인 서비스 기업에서 흔히 벌어지는 본사와 현장 간의 문제 중, 유니폼을 예로 들어보자.

현장에서 입는 유니폼은 단지 옷이 아니라 조직이 '서비스 스탠다드'라는 이름으로 직원들에게 부여한 보이지 않는 무게다. 백화점이나 호텔, 항공사처럼 유니폼을 입고 고객을 마주하는 오프라인 서비스 업계라면 누구나 공감할 수 있겠지만, 내가 겪은 항공사의 경우를 떠올려보면 더욱 분명해진다. 객실 승무원이 유니폼을 입고 수백 명의 승객 사이에서 정교하게 설계된 서비스 매뉴얼을 수행하다 보면, 어느 순간 이 옷은 브랜드의 품격이 아니라 자신을 압박하는 거대한 규율로 바뀌어버린다.

머리끝부터 발끝까지 정해진 기준을 완벽히 맞추기 위해 감정을 억누르고, 심지어 미소마저 통제받는 현장 직원의 하루를 겪어보지 않은 이들이 무엇을 알 수 있을까? 현장에서 불편함을 토로할 때마다 본사는 "예뻐 보이고 싶은 거 아냐?" "왜 이렇게 현장 직원은 늘 불만이 많아?" "비용 문제가…"라고 쉽게 일축한다. 현장의 목소리는 그렇게 현실을 모르는 철없는 요구로 치부된다.

하지만 단 하루라도 그 유니폼을 입고 고객을 직접 마주하며 땀과 심지어 눈물까지 흘려본다면, 그렇게 간단히 말할 수 없다는 걸 깨닫게 된다. 직접 체험하지 않고는 결코 알 수 없는 현실이 존재하기 때문이다. 본사와 현장을 모두 경험한 내가 냉정히 평가하자면, 이는 균형의 문제가 아니라 현장을 제대로 겪어보지 않은 본사의 명백한 '공감 결핍'에 가깝다.

조직이라면 최소한 현장의 목소리에 진심 어린 관심을 가질 의무가 있다. 쉽게 바꿀 수 없는 문제라도 마찬가지다. 정말 현장의 목소리를 듣고자 한다면, 직접 유니폼을 입고 현장을 체험하는 최소한의 노력 정도는 해야 할지도 모른다. 물론 이렇게까지 이야기해도 실제로 유니폼이 왜 불편한지를 진심으로 알고 싶어 직접 착용해 볼 본사 직원이 과연 몇이나 될지는 의문이다.

본사가 현장을 무조건 위하거나, 감정적으로 이해하라고 호소하는 게 절대 아니다. 이 책 전반을 관통하는 메시지는 간단하고 명확하다. 현장 직원이 억지로 짓는 미소가 아니라, 직원들이 자연스럽게 미소 지을 수밖에 없는 환경을 만드는 것이 본사의 책임이자 역할이라는 것이다. 그 미소가 고객에게 전달돼야 지갑이 열리고, 기업이 지속 가능하게 생존하며, 결국 여러분이 지키고자 하는 기업 내 그 자리도 유지할 수 있다. 현장 직원을 동정하거나 강제로 이해하라고 요구하는 게 아니다. 그저 조금 더 현실적으로 본인의 생존과 자리를 지키기 위해 지금 당장 무엇을 해야 하는지 냉정히 말하고 있을 뿐이다.

(1) '겪어보지 않음'의 두터운 벽

유니폼 얘기는 결국 하나의 상징일 뿐이다. 본사와 현장 사이의 그 깊고 차가운 벽은 결국 서로를 직접 겪어보지 않았기 때문에 존재하는 것이다. '직접 경험하지 않음'이라는 단순하지만 결정적인 공감 결핍이 모든 문제의 근원임을 이제는 솔직히 인정해야 한다. 서로가 서로의 입장과 환경을 몸으로 느껴보지 않는 한, 이 악순환의 고리를 끊는 것은 불가능하다. 변화가 시작되려면 적어도 귀를 열고 듣는 것부터 시작해야 하는 이유다.

하지만 본사의 현실 역시 현장과 다르지 않다. 그들도 결국 스스로 선택한 구조가 아니라 자신이 처한 조직의 한계 안에서 움직일 수밖에 없는 존재다. 본사 직원은 개인의 판단이나 의지보다 조직 상부에서 결정된 전략과 성과지표에 따라 움직이는 존재이니 말이다. 실적이라는 거대한 숫자와 끊임없이 쌓이는 보고서 더미에 둘러싸이다 보면, 현장의 목소리는 마치 저 멀리 아득히 들려오는 희미한 소리, 어떤 소리인지조차 분간하기 어려운 잡음처럼 흐릿해질 수밖에 없다.

아무리 현장을 생각하려 해도 현실적으로 개인이 낼 수 있는 목소리는 제한적이다. 간혹 남아 있던 공감의 감각마저 사무실의 두꺼운 유리창 너머로 점차 흐려져만 간다. '시장조사'나 '현장 방문'이라는 명분으로 짧게 스쳐 지나가는 정도로는, 현장의 미세한 감각과 고객의 진짜 감정을 절대 손끝으로 느낄 수 없다. 이것만큼은 확실히 말할 수 있다. 현장의 진짜 온도는 급한 발걸음으로 훑어내듯 지나가선 절대 알 수 없다. 최소한 현장에 충분히 젖어들 만큼의 여유와 머무름, 그리고 미세한 변화를 놓치지 않을 만큼의 깊이 있는 관찰이 필요하다.

결국 이 역시 본사가 마주한 또 하나의 비극적 현실이 아닐까? 현장과 본사의 간극은 각자의 자리에서 각자의 방식으로 애쓰며 만들어진 구조적 결과물이다. 누구의 잘못이라기보다, 서로를 제대로 잇지 못한 업계의 숙명과도 같은 것일 테다.

(2) '서비스 페어링' 연결을 위한 솔루션

9장부터 13장까지 이어지는 프레임워크 솔루션은 현장 직원과 현장이 더 나은 방향으로 움직이도록 하는 데 초점을 맞췄다. 하지만 서비스 업계의 가장 치명적 약점 중 하나인 서비스 외 직무자와 현장 간의 거리를 좁힐 수 있는 솔루션 역시 필요하다고 판단했다. 현장과 본사가 서로의 감정을 투명하고 솔직하게 공유하고, 서로를 직접 경험하며, 각자의 역할과 고충을 제대로 이해하고 책임지는 구조를 만들어야 한다. 고객 경험의 품질을 높이는 진짜 변화는 결국 이렇게 서로가 하나의 팀으로 움직일 때만 가능하기 때문이다.

물론 이 거대한 오프라인 서비스 업계의 구조를 서비스라는 주제 하나만으로, 단 한 권의 책만으로, 그리고 서비스에만 특화된 필자 혼자서 완벽한 해법을 제시할 순 없다. 그럼에도 현장과 본사 모두를 직접 겪어봤기에, 나의 시선에서 이 시장의 취약점을 조금이나마 나은 방향으로 유도할 수 있는 솔루션을 설계하고 싶었다. 이 솔루션에 '서비스 페어링Service Pairing'이라는 이름을 붙여봤다.

(3) 페어링: 서로의 입장을 잇는 경험의 힘

솔루션 파트에 이름을 붙이는 과정이 생각보다 쉽지 않았다. 사실 이름 자체가 중요한 건 아니었다. 단지 이 장에서는 조직에 필요한 방향성만 전달하면 충분하니까. 하지만 세상 모든 것엔 결국 이름이 있지 않은가. 특히나 서비스 외 직무자, 다시 말해 기업의 구조적 틀에서 큰 비중을 차지하지만 현장과 거리가 먼 이들에게 초점을 맞춘 이 솔루션의 이름은 고민 끝에 '서비스 페어링Service Pairing'으로 결정했다.

서비스 페어링이란 본사 직원과 현장 직원을 1:1로 연결하여 서로의 업무와 감정을 깊이 있게 체험하고 이해하게 하는 솔루션이다.

페어링pairing이라는 단어를 떠올리면 자연스레 와인이 떠오른다. 개인적으로 와인에 조예가 깊다고 생각한 적은 단 한 번도 없지만, 소믈리에가 메뉴마다 미리 세심하게 골라둔 와인을 경험하며, 음식의 맛과 풍미가 완벽히 달라지는 순간을 여러 번 경험했다. 서로 다른 요소가 어우러져 전혀 예상치 못한, 더욱 풍성하고 조화로운 결과를 만들어낸다는 사실에 감탄했던 경험이 분명 한 번쯤 있을 것이다. 본사와 현장 간의 연결에도 바로 그런 페어링이 필요하다.

페어링이라는 개념을 더욱 깊이 이해하게 된 결정적 순간을 돌이켜보면, 싱가포르 여행에서의 순간을 꼽고 싶다. Swissôtel The Stamford 70층에 자리 잡은 미쉐린 2스타 레스토랑, 'JAAN by Kirk Westaway'에서의 디너였다. 그날 전까지 와인과 음식의 페어링을 단지 '맛과 맛의 조화' 정도로만 생각했던 나에게, 그 경험은 완전히 새로운 차원을 열어주었다. 처음 마주한 Krug Grande Cuvée 샴페인은 그 자체만으로도 충분히 아름다웠지만, 정교하게 설계된 요리와 함께할 때 비로소 그 진가를 완벽히 드러냈다. 그리고 코스가 끝나갈 무렵에 제공된 Château d'Yquem의 우아한 달콤함은 마치 하루 종일의 여행으로 지친 몸을 달래듯 부드럽고 편안한 여운을 남겼다.

와인 페어링이란 단순히 맛과 맛의 궁합이 아니라, 코스 전체의 흐름 속에서 각 순간을 완벽히 완성하는 정교한 설계인 것처럼, 현장을 바라보고 교육을 설계할 때마다 나는 '페어링'이 가진 이 정교함의 중요성을 생각하게 된다.

본사를 포함한 서비스 외 직무자들이 현장의 디테일을 이해하지 못한 채 고객 경험을 설계하거나, 현장 직원을 위한 일을 한다고 결정하는 건, 마치 와인을 마셔본 적 없는 사람이 와인 리스트를 고르고 페어링까지 시도하는 무모함과 다르지 않다고 생각한다. 그 결과는 결코 만족스러울 수 없다. 페어링이란, 결국 직접 경험한 이만이 제대로 설계할 수 있는 영역이기 때문이다.

(4) '역지사지(易地思之)' 당연하지만 어려운 한마디

내가 이 책의 여러 곳에서 끊임없이 내세운 강점 중 하나는 본사와 현장, 양쪽 모두를 직접 경험했다는 점이다. 하지만 이렇게 말하면서도 나는 결코 현장과 본사의 모든 감정과 현실을 완벽히 이해했다고 생각하지는 않는다. 아니, 절대 그럴 수 없다는 게 더 정확하다.

실제로 나 역시 상대의 입장을 더 정확히 이해하기 위해 일부러 그 자리에 서보기 위한 시간을 보내고자 노력한다. 백화점 고객상담실 직원들을 위한 워크숍을 준비할 때였다. 교육과 강의를 업으로 하는 사람으로서 고객 접점의 다양한 상황을 잘 안다고 자부했지만, 막상 그들에게 무언가를 전달하려니 망설여졌다. 문득, 내가 정말 그들을 제대로 이해하고 있는지 의문이 들었다. 생각해 보니 나는 하루도 고객상담실 직원으로 일해 본 적이 없었으니까. 사실이지 않은가.

결국 양해를 구하고 하루 동안 한 점포의 고객상담실에 상주했었다. 그 하루는 '고객상담'이라는 고상한 표현이 실제 현실과 얼마나 동떨어진 것인지를 뼈저리게 깨닫는 계기가 되었다. 그곳은 말 그대로 '감정의 쓰레기통'이었다. 고객들은 이미 화가 잔뜩 난 표정으로 들어와 불만을 토해냈고, 아무런 설명이나 해결책은 원하지 않은 채 그저 자기 안에 쌓인 불쾌한 감정을 쏟아내고 떠났다.

그 불편한 경험 덕분에 오히려 내가 워크숍에서 전할 메시지는 더욱 명확해졌다. 그리고 워크숍 당일, 전달한 내용 자체도 중요했지만 무엇보다 직원들과 진정으로 깊이 공감하는 순간이 만들어졌다.

사실 이 11장 전체의 내용은 다른 솔루션 파트처럼 복잡한 이론이나 장황한 데이터로 무장할 필요가 전혀 없다고 생각한다. 더 이상의 논리적 설명이 무의미할 만큼, 이론적으로나 현실적으로 너무나 당연한 이야기이기 때문이다. 단 한 번도 서로의 자리에 서 본 적 없는 사람들이 어떻게 서로를 이해할 수 있겠는가. 모든 설명과 논리를 한 문장으로 요약할 수 있다.

① 역지사지(易地思之)

이제 이 단순하고 당연한 원칙을 바탕으로, 본사와 현장을 진짜 연결하는 구체적 방법론을 이야기해 보고자 한다.

서비스 페어링의 프레임워크는 현장 근무, 감정일지 작성, 리뷰 미팅, 리더십 코칭의 순서로 설계했다. 물론 이 방식 역시 각 기업이 처한 현실과 특성에 맞춰 세부적인 요소를 다듬어 적용해야만 제대로 작동할 수 있을 것이다. 이 흐름과 방향성은 하나의 예시이자, 시작점 정도로 생각하고 함께 살펴봤으면 한다.

(5) 서비스 페어링 프레임워크 4단계

① 장기적인 페어링

서비스 외 직무자(본사의 전략, MD, 시설관리, 지원팀 등) 모두는 최소 6개월 동안 현장 직원과 1:1 페어pair를 이루어 정기적으로 함께 현장에서 근무하는 방식을 제안한다. 페어링의 주기는 기업 상황에 맞춰 조율할 수 있지만, 단기적으로 한두 달 실험하듯 진행하고 흐지부지 끝낸다면, 긍정적이든 부정적이든 명확한 결과를 확인하기 어렵다. 변화는 언제나 가장 불편한 결과를 마주할 때 비로소 시작된다. 설령 부정적인 결과가 나타난다 해도, 그것을 직면했을 때 비로소 변화로 향하는 새로운 길과 방향이 보인다. 시도조차 하지 않은 채 매번 같은 자리에 멈춰 있는다면, 시간이 아무리 흐른다 한들 변화는 절대 일어나지 않을 것이다.

이때 단순히 현장을 '방문'하거나 '관찰'하는 피상적 수준에 그쳐선 안 된다. 실제로 업무를 맡고 수행하며 완전히 현장에 녹아들어야만 한다. 예컨대 MD라면 브랜드 매장의 상품 진열부터 고객 응대까지, 시설관리 직원이라면 매장 관리 업무까지 현장 직원과 동일한 수준으로 경험하는 것이다. 물론 반드시 현장 직원과 함께 말이다. 이 과정을 통해 본사 직원들은 현장의 현실을 피상적이고 진부한 보고서나 데이터가 아니라 온몸으로 느끼는 생생한 경험으로 이해하게 될 것이다.

'현장을 이해하겠다'는 명목으로 잠시 스쳐 지나가는 방문은 결국 '감시'와 크게 다를 바 없다. 나 역시 본사 소속이기에 현장을 수없이 드나들었지만, 마음 한편엔 늘 '현장을 위한' 방문이 아니라 '내 업무를 위한' 방문이라는 부담스러운 자책감이 따라다녔다. 현장을 진정으로 이해하는 것은 단순히 시간이나 횟수로 평가될 수 없다. 짧은 시간 동안 '존재감 드러내기' 식으로 현장을 방문하는 것은 결국 현장 직원에게 '본사에서 내려왔다'는 불필요한 긴장과 피로감을 안겨줄 뿐이다.

현장에 필요한 건 찰나의 무의미한 감시자가 아니라, 현장 직원과 같은 속도로 호흡하며 같은 방향을 바라보는 진정한 '동행'이어야 하지 않을까? 현실적으로 절대 쉬운 일은 아니다.

진짜 현장의 목소리는 그곳에 충분히 머무는 사람에게만 들리는 법이다. 실제로 나는 '본사의 서비스 전문가'라는 이름으로, 2개월 동안 전국 점포를 돌며 현장 직원들과 하루 종일 함께 상주하며 호흡을 맞추는 방식으로 현장 코칭을 진행한 적이 있다. 이 방식이 반드시 완벽한 정답이라고 확신하진 않지만, 이전의 '잠시 들러보고 가는' 방식과는 비교할 수 없을 만큼 큰 차이가 있었다. 시간이 한 시간, 세 시간, 반나절 이상을 채워갈수록 현장 직원들은 점점 더 진심을 꺼내놓았고, 결국 다만 한마디라도 서로의 '진짜' 이야기를 나누게 된다고 느꼈다.

중요한 것은 완벽한 방법이 아니라 '일단 해봤다'는 사실 그 자체라고 생각한다. 시도했기 때문에 현장에서만 얻을 수 있는 새로운 통찰을 얻었고, 그 경험을 토대로 더 나은 방식을 고민할 수 있었다. 다행히 현재 내가 속한 조직은 서비스 전문가로서 다양한 실험과 도전을 적극적으로 지지하는 문화가 있지만, 솔직히 말해 이런 분위기가 형성되지 않은 조직에서는 진정성 있는 현장 경험 시도조차 현실적으로 어려운 이야기일 수도 있다. 그러나 한 가지 확실한 건, 현장을 스쳐 지나가는 방식으로는 그 어떤 것도 바뀌지 않는다는 것이다. 결국 현장의 진짜 목소리를 들을 자격은 현장에 충분히 오래 머무를 각오가 된 사람에게만 주어진다고 나는 믿는다.

해외여행을 떠올려보면 금세 와닿는다. 여정상 경유지에서 레이오버Layover나 스톱오버Stopover 수준으로 스쳐 지나는 도시의 인상과 일주일 넘게 그곳에 진득하게 머물며 천천히 호흡한 도시에서의 경험은 결코 같을 수 없다. 현장 역시 마찬가지다. 짧은 순간의 형식적인 '경유Stopover'가 아니라, 충분한 시간의 '체류Sojourn'를 선택해야만 현장의 진짜 맨얼굴을 볼 수 있다.

이때 가장 중요한 것은 태도라고 말하고 싶다. 현장을 찾을 때는 반드시 "나는 경험이 없고 잘 모르기에 배우러 왔다"라는 낮고 솔직한 자세를 갖춰야 한다. 이것은 결코 겸손을 가장한 연기를 하라는 것이 아니다. 실제로 현장에서 단 하루라도 일해 본 경험이 없다면, 당연히 그렇게 해야만 하는 것이 아닌가. 본사가 현장보다 높은 위치에 있다는 근거 없는 우월감에서 비롯된 어색한 미소나 불편한 태도는, 현장 직원과의 진심 어린 소통을 가로막고 결국 방문 자체를 형식적인 의식으로 전락시킬 뿐이다.

현장의 진짜 온도를 온몸으로 체감하고 난 후, 본사로 돌아갔을 때 비로소 현장 직원의 목소리를 충분히 반영한, 진정한 고객 중심의 전략과 정책이 만들어진다. 결국 현장의 경험 없이는 결코 '진짜' 전략을 설계할 수 없다. 오프라인 서비스 공간의 주인공인 고객을 위한 가장 본질적인 관점은, 오직 진짜로 '겪어본 사람'만이 가질 수 있는 특권이자, 이 업계에서의 강력한 무기이다.

② 쌍방향 감정노트 기록

페어링의 하루가 끝날 때마다 현장 직원과 본사 직원이 각자의 시선으로 '쌍방향 감정노트'를 자유롭게 기록해 보는 것은 어떨까? 기록이라는 단어에 본능적으로 업무 보고서를 떠올리며 한숨짓는 사람도 있겠지만, 이 노트는 보고서가 아니라 서로의 진짜 마음을 담아내는 일종의 '감정 로그Log'에 더 가깝다.

본사 직원이라면 현장에서 마주한 낯설고 당황스러운 순간, 예상치 못한 무력감, 자신도 몰랐던 본인의 무지함까지도 솔직히 기록하면 좋지 않을까라는 생각에서 포함시킨 단계이다. 현장을 이해하겠다고 내려온 것이지 현장 위에 군림하러 온 것이 아니라면 충분히 가능한 일이다. 이런 솔직한 자기 고백이야말로 현장 직원이 마음을 열고 본사를 진정한 '파트너'로 받아들이는 결정적인 계기가 될 수 있다. 개인적인 생각일 수 있지만, 나는 현장을 방문할 때마다 스스로를 낮추는 게 결코 초라한 것이 아니라 오히려 관계를 형성하고 신뢰를 쌓는 가장 우아한 태도이자 첫걸음이라는 믿음을 항상 간직하고 있다.

반대로 현장 직원이라면 본사 직원이 미처 발견하지 못한 미세한 불편함, 어쩌면 그동안 아무에게도 털어놓지 못했던 현실적인 진짜 목소리를 담아볼 수도 있다. 이 기록에는 어떠한 강제나 형식도 필요 없다. 중요한 건 단지 서로의 눈으로 세상을 바라보며 서로를 이해하려는 진심 어린 시도 그 자체다.

무엇을 보고 느꼈는지 각자의 시선과 언어로 기록하면 된다. 심지어 아무것도 기록하지 않는 것조차 가장 솔직한 기록이 될 수 있음을 인정할 만큼, 이 노트는 철저히 자유로운 '감정의 기록'이어야 한다. 감정의 교류에 형식이나 제약을 두지 않는 이유는 단 하나다. 서로의 입장과 현실을 조금 더 깊이, 진정성 있게 이해하는 기반을 마련하는 것이 목적의 전부이기 때문이다. 이 기록이 절대 평가나 점수, 혹은 어떤 데이터를 위한 자료로 변질되지 않도록 끝까지 경계해야 한다. 감정을 수치화하는 순간 진짜 목소리는 사라지고, 형식만이 남게 된다는 사실을 다시 한번 잊지 말아야 한다.

③ 페어링 리뷰

페어링에 참여한 직원들이 분기마다 모여 '페어링 리뷰'를 하는 시간을 가져보면 어떨까? 각자의 감정노트에 흩어져 있던 기록들을 꺼내 펼쳐 보며, 현장에서 우리가 놓친 혹은 놓칠 수밖에 없었던 감정의 조각들을 함께 맞춰보는 자리다.

흔히 "본사에서 면담 때문에 왔습니다"라는 머쓱한 첫마디로 시작해, 서로를 잘 알지도 못한 채 마주앉아 상대의 속마음을 탐색하려 드는 건 결국 아무것도 얻지 못할 대화를 하겠다는 것이나 다름없다. 아무것도 해줄 수 없으면서 상대의 진짜 이야기를 듣고자 하는 것은, 무의식적으로 상대의 진심은 가볍게 여기고 본인의 무책임함은 무겁게 받아들이는 태도와 같달까.

조금 냉정히 생각해 보면 우리의 일상적 인간관계도 다르지 않다. 나를 전혀 알지 못하는 사람, 나와 시간을 쌓아보지 않은 사람 앞에서 진짜 속마음을 꺼내놓는 경우는 극히 드물다. 때로는 수년을 함께해도 서로의 진심을 온전히 알기 어려운 것이 인간관계의 아이러니 아닌가. 현장과 본사의 관계 역시 결국 사람과 사람 사이의 관계다. 마음을 얻기 위한 과정 없이 진심 어린 이야기가 오고 갈 수 있을 리 없다.

이 페어링 리뷰 미팅은 낯선 경험을 하고 돌아와 가볍게 풀어놓는 여행 후기 수준의 시간이거나, 그저 감정을 공유하고 끝나는 수준이어선 절대 안 된다. 본사 직원들이 현장을 다녀왔다는 흔적을 남기기 위한 형식적 쇼케이스가 아니라, 현장 직원들이 겪은 어려움이 본사의 책임 있는 움직임으로 연결되도록 설계된 구조적 장치가 되어야 한다. 현장에서 감정적으로만 남겨져 있던 문제들을 본사의 탁상 위로 옮겨와, 책임지고 해결해야 하는 구체적 과제로 전환하는 순간이어야만 의미가 있다.

결국 이 자리는 본사와 현장 간의 단단한 벽을 허물고, 진정한 공감을 보장하는 책임 있는 공간이 되어야 한다.

④ 페어링 리더십 코칭

여기서 반드시 등장해야만 하는 키워드가 있다. 바로 '결정권을 가진'이라는 표현이다. 현장과 본사의 거리를 좁히고, 책상 위 전략과 현장의 현실적 괴리를 메울 수 있는 최종적인 키를 쥔 존재는 결국 결정권을 가진 임원진뿐이다. 현장의 문제를 진짜 변화시키려면, 현장 경험이 풍부하거나 오랜 기간 조직에 몸담았던 사람이 아닌, 현장과 본사 사이에 실질적 변화를 명령할 수 있는 힘과 권한을 가진 임원이 직접 등장해야 한다. 아무리 현장과 본사가 소통을 강화한다고 해도, 결정권을 가진 리더가 현실을 제대로 직시하지 않는다면, 변화라는 단어는 언제까지나 형식적인 미팅 속의 공허한 외침일 뿐이다. 결국 현실을 직시하는 인지 능력과 결정권이 결합

될 때 비로소 진정한 변화가 시작된다.

임원진은 페어링 활동의 흔적과 리뷰 미팅의 결과를 그저 정기적으로 '열람'하는 수준에서 그쳐선 안 된다. 중요한 건 그들이 책상 위의 보고서 너머로 직접 현장 페어링에 참여하며, 본인이 결정한 전략과 정책이 현장에서 어떤 온도로 작동하는지 온몸으로 체감해야만 한다는 것이다. 기업의 방향을 제시하고 전략을 결정하는 위치에 있다고 해서, 조직 내 모든 세부 사항에 대한 이해와 공감이 자동적으로 부여되는 건 아닐 것이다. 물론 임원의 위치라면 조직 전체를 아우르는 넓은 시야와 통찰력을 갖추었을 확률이 높겠지만, 그 통찰이 탁상 위 보고서와 프레젠테이션 화면에서만 존재하는 건 의미가 없다. 리더의 진짜 역할이란, 결국 현장과의 간극을 좁히고 현장의 감정을 피부로 느끼며 살아 숨쉬는 조직을 만드는 일임을 다시 한번 강조하고 싶다.

물론 자리의 위치라는 게 원래 그런 것일지도 모르겠다. 나 역시 임원진의 자리에 앉아본 경험이 없기에 섣불리 단정할 순 없지만, 한 가지 확신할 수 있는 사실이 있다. 꼭대기에서 아래를 내려다보는 것이 가능할지 몰라도, 조직의 모든 세부사항까지 전부 꿰뚫어볼 수 있는 사람은 세상 어디에도 없다는 것이다. 특히 국내 오프라인 서비스 기업의 임원진을 보면, 극소수의 항공사나 호텔을 제외하면 고객을 직접 응대하며 현장의 온도를 온몸으로 겪어낸 현장 직원 출신은 사실상 거의 찾아보기 어렵다. 결정권을 가진 임원 중 현장의 세밀한 감정선을 직접 경험한 인물이 드물다는 건, 결국 현장의 목소리가 책상 위 보고서로만 전해지는 구조적 한계를 의미한다. 피부로 체감하지 못한 문제는 아무리 선명한 글과 숫자로 보고받아도 결코 진짜 문제로 와닿지 않는다. 그 미세한 감정의 차이가 현장과 본사의 거리를 더욱 벌어지게 하고, 현장 직원들의 절실한 목소리가 책상 위에서 흐릿하게 지워지는 이유다.

"변화는 책상에서 시작될지 모르지만, 현장에서 완성된다는 단순한 진리를 우리는 자꾸 놓치고 있다."

⑤ 인사평가 반영

숫자로 사람의 진정성을 측정할 수 없다고 줄곧 이야기해 온 내가 갑자기 '평가'라는 단어를 꺼내니 조금 혼란스러울지도 모르겠다. 하지만 서비스 페어링만큼은 예외가 필요하지 않을까, 생각하게 됐다. 본사 직원의 인사 평가 항목에 서비스 페어링 활동을 작게라도 선명히 반영할 필요가 있다. 물론 여기서 말하는 평가는 '무엇을 얼마나 많이 했는지' 같은 형식적 숫자가 아니다. '얼마나 깊고 섬세하게 현장을 이해했는지' '얼마나 구체적으로 공감했고, 개선을 위한 행동을 실제로 실천했는지'가 평가의 기준이어야 한다.

이 부분을 쓰면서 스스로도 생각했지만, 이런 이야기가 그저 낭만적으로 들릴 수 있을 것이다. 그러나 나의 믿음은 변함이 없다. 조직이라는 거대한 구조가 변화하기 위해선 결국 약간의 낭만이 반드시 필요하다고 믿는다. 사람들은 현실은 냉정하다고, 이상만으론 결코 조직을 움직일 수 없다고 말한다. 그러나 내가 보고 느낀 것이 틀리지 않았다면, 적어도 고객서비스라는 세계에서 사람의 마음을 움직이는 건 숫자나 평가가 아니라, 그 모든 것을 뛰어넘는 '진심'이었다.

이는 소수 임원진의 개인적인 취향과 입맛을 만족시키기 위한 평가가 아니다. 오히려 조직 전체가 함께 호흡하는 건강한 구조를 만들어가기 위한 일이다. 언제나 그랬다. 숫자와 데이터가 넘쳐나는 시대일수록 사람들은 숫자와 무관한 진심을 더 또렷하게 느끼고 기억한다. 결국 우리에게 필요한 것은 사람의 진심을 담아내는 평가다.

그렇다면 이제 우리가 해야 할 일이 명확해진다. 현장 방문을 단순히 '인증샷' 남기듯 형식적으로 처리하고, 숫자와 평가에만 매몰된 낡고 무력한 틀에서 벗어나, 조직 깊숙한 곳에 진심을 담는 구조와 진심을 읽어낼 수 있는 시선을 심어놓아야 한다. 소수 임원의 개인적 취향이나 보고서를 화려하게 장식할 숫자가 아니라, 현장의 살아 있는 감정과 진심이 조직 전체의 맥박으로 흐르게 만들어야 한다. 이런 생각을 하지만, 냉정한 현실은 여전히 현장과 가장 먼 곳에 책상이 놓여 있을 뿐임을 안다.

이제 평가와 연결되지 않은 채 '개선의 흉내'만 내는 무력한 시도는 여기서 끝내야 한다. 현장의 온도와 진심을 제대로 읽어내지 못한 채 여전히 탁상 위 숫자에만 집착한다면, 결국 우리가 목격할 미래는 아무도 열어주지 않는 무겁고 뻑뻑한 변화의 문 앞에서 지금과 똑같이 무기력하게 서 있는 본사의 모습일 테니까.

이제 우리는 조금 더 날카롭게, 어쩌면 이 조직이 가장 두려워하는 질문을 던져야 할 때다.

"지금껏 오프라인 서비스 기업의 조직은 숫자로 진심을 담으려 했지만, 대체로 결과는 늘 실패했다. 그렇다면 숫자로 진심을 담는다는 것이 정말 가능한 일인가?"

그 답을 찾기 위한 더 현실적이고 냉정한 이야기를, 바로 다음 장에서 이어가 보려 한다.

12장

숫자 말고 감정을 세어라(Count): 현장 중심 KPI

오프라인 공간의 경험을 숫자로 환원한다는 게 과연 가능할까? 우리가 공간을 운영하고, 그 공간을 채우는 현장 직원들을 평가하는 이유는 단지 고객 만족 점수를 높이기 위해서가 아니다. 만약 이 지점까지 읽었는데도 여전히 공감이 되지 않는다면, 하루라도 좋으니 유니폼을 입고 직접 현장 직원의 자리에 서보길 정중히 권하고 싶다. 왜 이 말이 이토록 반복되는지, 왜 숫자가 아니라 사람과 경험의 가치를 그토록 강조하는지 현장의 온도를 직접 체감하고 나면 분명 더 깊게 이해할 수 있을 것이다. 숫자는 수단일 뿐 목적이 아니라는, 이 업의 본질을 잊지 않으려면 말이다.

물론 어디까지나 앞으로도 오프라인 서비스 업계에 계속 몸담고 싶으면서도, 최소한 이 업계의 진짜 본질에서 벗어나지 않는 일을 소신 있게 하고 싶은 사람에게만 해당되는 얘기다.

그런 맥락에서 앞서 10장에서 제시한 몰입지수나 순환지수라는 숫자 역시 현장 직원의 진짜 경험과 성장, 환경의 변화를 더 명확하게 보기 위한 하나의 도구일 뿐, 결코 숫자 자체가 목적이 될 수 없다는 점을 다시 한번 강조하고 싶다.

항공사 승무원 시절, 다수가 인정하며 '서비스의 정석'이라 불리던 동료가 있었다. 그 승무원에게 숫자로 된 평가지 한 장을 내밀 때마다 씁쓸함과 미안함을 느낀다고 털어놓던 사무장의 말이 아직도 선명하다. 현장 직원의 가치를 숫자 하나로 평가한다는 게 얼마나 초라한 일인지, 제대로 된 평가 방식조차 설계하지 못한 채 무작정 숫자로 현장 직원의 성장을 재단하려던 우리의 오랜 잘못을 되돌아보게 하는 장면이다. 결국 숫자만 쫓다가 진짜 중요한 사람과 공간의 경험을 놓쳐버렸을지도 모른다.

공간의 온도를 결정하는 건 고객보단, 그들을 직접 응대하는 현장 직원의 비중이 더 크다. 직원이 현장에서 성장하고 있다는 걸 스스로 느끼고 만족해야 고객도 그 공간을 다시 찾게 된다. 이 한 권의 책이 전개하는 흐름 역시 바로 거기에 초점을 맞추고 있지 않은가? 몰입지수와 순환지수라는 숫자를 통해 결국 우리가 이루고 싶은 건, 현장 직원이 얼마나 공간에서 의미 있는 시간을 보내고, 조직과 고객에게 존중받고 있는지 확인하고, 그들의 실제 경험과 환경을 개선하는 일이다. MIT Sloan의 연구에서도 직원이 스스로 업무 환경과 스케줄에 유연성을 느낄 때, 직무 만족도가 유의미하게 증가하고, 스트레스는 감소하며, 번아웃과 이직률 또한 낮아진다는 결과를 명확히 제시했다(Erin L. Kelly, Phyllis Moen et al., January 2016).

결국 숫자 그 자체보다는, 직원이 직접 체감하는 변화가 현장 경험의 질적 향상에 가장 강력하게 연결된다는 사실을 의미한다.

하지만 여전히 직원의 성장을 바라보는 진짜 의미가 쉽게 퇴색되는 현실이 존재한다. 리테일이든, 항공사든, 호텔이든 구분 없이 오프라인 서비스 공간에서 일하는 직원의 성장을 그저 현장에선 체감할 수 없는 숫자로만 평가하고, 그 숫자 속에서 줄을 세우려는 조직의 구조적 한계를 말하는 것이다. 진짜 성장은 고객과 마주하는 현장에서, 스스로의 영역을 넓히고 깊이를 더해 가는 과정이어야 한다고 생각한다. 그런 성장을 가능하게 하려면 오프라인 공간에 서 있는 직원들이 그 현장에서 꿈을 꿀 수 있게 해주는 조직이어야 한다.

객실 승무원으로 처음 비행하던 신입 시절, 문득 이런 생각을 했었다. 돌이켜보면 누구도 나에게 권하거나 강제하지 않은, 오직 그 시절의 나였기에 가능했던, 조금은 무모하고 패기 넘치는 다짐을 했었다.

하루 평균 두 번의 비행을 하면 약 500명의 승객과 마주친다.

하루에 500번의 인사를 한다고 생각해 보자. 일주일이면 몇 번일까? 한 달이면, 그리고 5년 뒤라면? 헤아릴 수 없이 많은 인사 중 단 한 번이라도 자세와 미소, 그 모든 것을 정석대로 완벽하게 해보겠다고 결심했다. 어차피 해야 할 인사라면, 이 반복을 제대로 연습하는 시간으로 삼자고 스스로에게 되뇌었다. 가끔은 지치고 힘든 순간이 찾아올지라도, 시간이 흐른 뒤 지금의 모든 순간이 결국 나를 성장시킬 거라는 상상을 하며 버텨낼 수 있는 작은 동기가 되기도 했다. 그렇게 하루하루를 쌓아가면 몇 달 뒤, 몇 년 뒤의 나는 분명 다를 거라고 믿었다. 그리고 실제로 그 반복된 시간은, 단지 눈에 보이는 자세나 승무원 출신다운 태와 같은 외적인 모습뿐만 아니라, 내면 깊숙이 자리 잡아 지금의 나를 만들어준 가장 단단한 무기가 되었다.

아예 다른 업계로 전향하지 않는 이상, 고객서비스라는 영역 안에서 커리어를 이어가는 한 나에게는 언제나 승무원 출신이라는 꼬리표가 따라다닌다. 그리고 서비스 전문가라는 타이틀을 달고 일하는 이상, 이건 어떤 기업이나 조직, 심지어 예상치 못한 위치에서 역할을 맡게 되더라도 고객서비스는 나를 잠시 스쳐가는 직무가 아니라 명확한 나의 '업業'이다.

그래서 지금도 나는, 누군가 나를 마주했을 때 단번에 객실 승무원 출신임을 알아차릴 수 있도록 스스로를 철저히 관리한다.

누가 뭐래도 적어도 나에겐 오프라인 서비스라는 직업이 결코 만만치 않기 때문이다. 고객은 물론이고, 내 교육에 참여한 직원들 앞에서 매순간 완벽한 자세와 태도를 유지하는 것은 단지 의지나 마음가짐만으론 절대 불가능하다. 적어도 내가 원하는 수준에 도달하기 위해선 그렇다. 각자의 기준은 다를 테니 말이다.

그래서 수십 년째 매일 20분씩 저강도 웨이트 트레이닝을 단 하루도 거르지 않고, 채식 위주의 식단을 엄격히 고수하며, 흡수율과 생체이용률을 극대화한 선별된 롱제비티Longevity 영양제를 꼼꼼히 챙겨 먹는다. 또한 나의 취향과 감정을 날카롭게 유지하고, 조직에서 인정받지 못하거나 혼자만의 길을 걸어야 하는 순간이 오거나 혹은 누가 묻지 않더라도 끊임없이 '왜?'라는 질문을 스스로에게 던져 본질을 탐구하는 습관을 유지하고자 노력한다.

그렇게 쌓아 올린 내적 · 외적 통찰insight은, 지금껏 내가 거쳐 온 수많은 서비스 현장에서 가장 단단한 나만의 무기가 되어주고 있다. 고객과 직원을 마주하는 매순간의 완벽함을 유지하기 위한 필수 조건이자, 내가 프로페셔널로서 흔들리지 않는 태도를 유지하는 전략이다. 결국 누가 뭐라 하든 나 스스로를 믿고 지지할 수 있다면, 그것만으로도 충분하지 않겠는가.

내가 가야 할 길을 결정하는 건 결국 나 자신이다. 그리고 나의 이런 단단한 소신은 내가 꿈 꿀 수 있는 현장을 운 좋게도 만났기에 가능한 일이었다.

"십여 년 전, 나는 분명 좁고 긴 기내 복도 위에서 나만의 꿈을 꾸고 있었다."

그리고 그 시절부터 지금까지도 지독할 만큼 반복한 노력들이, 지금의 나를 만들어준 건 가장 분명한 사실이다. 결국 나는 이 업을 가진 사람으로서, 나만의 모습으로 치열하게 존재하기 위해 내외적으로 끊임없이 나를 다듬고 있는 중이다.

운 좋게도, 첫 비행 생활을 시작한 항공사에서는 경영진부터 모든 조직원이 쉴 새 없이 객실 승무원이 서비스 기업에서 가장 중요한 존재라고 외쳤다. 회사의 모든 부서와 직원들이 객실 승무원을 진심으로 존중하는 분위기였기에, 처우나 근무 환경 등과는 무관하게 나는 좁고 긴 기내 복도 위에서도 충분히 꿈을 꿀 수 있었다.

그리고 그 꿈이 지금의 나를 이끌어 왔다.

지난 15년간 수많은 오프라인 서비스 현장에서 치열하게 살아남았고, 지금 '전문가'라는 이름으로 세 번째 책을 출간하는 자리에서 있다. 내게 주어진 이 '전문가'라는 타이틀은 분명 그 좁고 길었던 기내 복도 위에서 꾸었던 작은 꿈 덕분이다.

내가 이토록 구체적으로 나만의 이야기를 꿈이란 진부한 단어를 사용해 꺼낸 이유는 분명하다. 그 좁은 기내 복도에서 꿈을 꿀 수 있었던 이유는, 최소한 그 조직이 직원의 꿈을 방해하지 않고 오히려 응원하는 구조였기 때문이다. 하지만 꿈이 허락되지 않는 공간에서 과연 누가 '진짜' 미소를 띨 수 있을까?

현장 직원이 꿈을 잃는 순간 고객은 가장 먼저 눈치채고 떠난다. 결국 직원이 꿈꾸지 못하는 현장에는 진정한 고객 경험이 존재할 수 없다. 지속 가능한 서비스는, 직원이 매일 조금씩이라도 꿈을 꿀 수 있을 때만 가능하다.

그러나 지금 각자가 몸담고 있는 오프라인 서비스 기업들의 현실은 어떠한가?

익명성 뒤에 숨어 현장 직원의 학벌과 배경을 비웃는 비난과 조롱만 가득한 조직이라면, 고객을 직접 응대하는 직원들의 진짜 가치를 조직 차원에서 제대로 인정하지 않고, 구조적으로 그들을 존중하지 않는다면, 그 조직 안에서 과연 누가 꿈을 꿀 수 있을까? 탈출을 꿈꾸며, 잠깐의 경력 공백 채우기 정도로 생각할 수밖에 없다.

그리고 현장 직원만 꿈을 못 꾸는 것이 아니다. 꿈을 꿀 수 없는 직원에게서는 고객의 마음을 두드리는 진심 어린 감정이 절대 흐르지 않는다. 직원의 꿈이 멈추는 순간, 고객의 설렘과 기대도 동시에 멎는다. 모든 피해가 고객에게 돌아갔다고 말할 것 같은가? 아니다. 결국 고객이 지갑을 닫는 순간, 당신이 지키고자 서 있던 조직 내 그 자리도 더 이상 발을 들일 수 없다. 고객의 지갑이 닫힌 공간을 가진 기업에 당신의 자리는 존재하지 않는다.

내가 처음 서 있었던 그 좁고 긴 기내 복도 위처럼, 현장 직원들이 각자의 현장에서 생생한 꿈을 꿀 수 있어야 한다. 내가 이 책을 쓰는 이유 중 하나도 바로 그 때문이다. 그들에게도 나처럼 작은 꿈을 꿀 수 있는 환경을 갖출 수 있는 과정에 작은 불씨라도 지필 수 있게 하고 싶어서다.

(1) 현장 직원 평가의 본질

그 꿈을 현실로 만들려면, 현장 직원 스스로가 자신의 가치를 인식하고, 지금 성장하고 있음을 직관적으로 느낄 수 있는 구조가 마련돼야 한다. 그런 관점에서 볼 때, 오프라인 서비스 공간에서 직원의 성장을 책상 위에서 설계된 숫자로 평가하고 줄 세우는 방식이 얼마나 무의미한지, 사실 우리는 이미 잘 알고 있다.

본사가 관리하기 편한 방식 하나를 예로 들자면 고객 칭찬 VOC와 불만 VOC에 따라 가점과 감점을 주는 평가 방식을 아직도 고집하는 조직들이 많다. 같은 친절에도 칭찬 글을 남기는 고객이 있고, 그렇지 않은 고객도 있다. 같은 불만도 기록하는 고객과 그냥 지나치는 고객이 존재한다. 심지어 이 평가 방식을 악용하는 직원들도 나타난다.

그들의 얄팍한 행동을 탓하기 전에, 왜 그런 행동을 하게 되었는지를 먼저 고민해야 한다. 그들이 그런 행동을 하는 이유는 결국 현실과 동떨어진 평가 방식을 탁상공론으로 설계한 조직의 문제다. 직원의 도덕성 문제로 논쟁을 흐릴 생각이라면, 차라리 조직의 맹목적이고 나태한 평가 기준을 돌아보는 것이 먼저다. 특히 경쟁사가 그렇게 하니까 우리도 똑같이 혹은 비슷하게 한다는 식의 태도는, 결국 우리 조직의 기준점이 우리 현장이 아닌 경쟁사의 기준으로 설정된다는 뜻이다. 기준을 외부에서 찾기 시작하면, 조직 내부의 감각은 점점 무뎌지고, 결국 우리만의 서비스 정체성마저 흐려질 수밖에 없다. 우리 조직이 제공해야 할 고객서비스가 무엇인지 명확히 정의하지 못한 채, 경쟁사와의 '차이 없음'을 생존전략으로 삼는 기업은 결국 조직이 아니라 시장의 꼭두각시에 지나지 않는다. 직원들이 진심을 다해 고객을 응대하며 현장에서 성장할 수 있는 기회는, 맹목적인 모방과 외부기준 추종 속에서 사라져 버린다. 결국 이 방식으로는 현장 직원의 실제 서비스 품질과 성장을 절대 제대로 평가할 수 없음을 인정해야 한다.

그렇다면 현실적으로 현장 직원의 진정한 성장을 평가하는, 의미 있고 실효성 있는 지표는 과연 이 업계에 존재할 수 있을까? 단순히 숫자로 줄 세우거나, 경쟁사 따라 하기로는 결코 발견할 수 없는, 우리가 진짜 원하는 현장 직원의 성장과 감정의 흐름을 명확히 포착할 수 있는 방법이 있을까?

이러한 고민 끝에 도달한 제안이자 이번 장에서 제시하는 솔루션 프레임워크는 바로 '현장 경험 중심 성장 지표On-site Experience Growth Index, OEGI'다. OEGI는 현장 직원에게 또 다른 부담을 주고 공감조차 불가능한 숫자 중심 평가 대신, 매일 현장에서 경험한 작은 성취와 성장, 고객과의 상호작용에서 느낀 감정 변화를 직원이 직접 기록하는 방식으로 구성된다. 따라서 이 지표는 기존의 KPI처럼 숫자나 등급을 부여하지 않는다. 직원들이 직접 자신의 경험을 짧은 키워드나 간단한 문장 형태로 매일 기록하도록 설계했다. OEGI는 다음 세 가지로 구성된다.

현장 경험 중심 성장 지표(On-site Experience Growth Index, OEGI) 구성

OEGI 평가 요소	기록 방식	빈도	담당
직원 경험 성장도 (Employee Growth Record)	하루 동안 고객과의 상호작용에서 얻은 작은 성취와 긍정적 변화를 자유롭게 키워드 또는 간단한 문장으로 기록 예시: "까다로운 요청을 잘 해결한 경험" "단골 고객 이름을 기억하고 인사"	매일 (퇴근 전 1분 이내)	직원 본인
고객 감정 경험도 (Customer Emotional Experience)	고객과의 소통 후 직원 본인이 느낀 고객의 감정을 '온기(따뜻함)' '진정성' '무관심' '불편' 중 하나로 선택하여 기록	매일 (퇴근 전 간략히 체크)	직원 본인
경험 피드백 리듬 지수 (Feedback Rhythm Index)	일주일 동안 기록된 '직원 경험 성장도'와 '고객 감정 경험도'를 팀 리더와 직원과 함께 리뷰하며, 성장한 경험과 개선이 필요한 부분을 자유로운 대화를 통해 도출하여 다음 주 실천 과제로 설정	주 1회 (약 15분 내외)	관리자급 팀 리더

위 방식에서 알 수 있듯이 OEGI는 일반적인 숫자나 점수 계산 방식이 없다. OEGI의 궁극적인 목표는 직원이 스스로 자신의 성장을 자각하고 이를 실천으로 연결하는 것이다. 직원은 매일의 고객 응대 경험과 자신이 느낀 감정의 흐름을 짧게 기록하고, 이렇게 축적된 기록을 매주 관리자급 리더나 팀원과 함께 리뷰하며 긍정적

성장을 격려하고, 부정적인 경험이 반복된다면 그 원인을 함께 고민하고 개선을 위한 작은 행동으로 연결한다. 이 방식은 매일 현장에서 미세하게 쌓이는 직원의 작은 성장을 스스로 자각할 수 있게 하며, 결국 현장 전체의 고객 경험을 개선하는 선순환 구조를 만들어낸다.

(2) 숫자를 넘어선 현장 중심의 피드백 설계

물론 이 방식이 현장 직원에게 또 다른 부담으로 느껴질 수 있다는 우려도 충분히 이해한다. 조직이 운영하는 오프라인 서비스 공간의 현장 상황과 직원들의 여건을 고려해, 처음에는 OEGI와 같은 방식을 주 2~3회 정도로 가볍게 도입하고, 익숙해질 무렵 점진적으로 빈도를 높여 매일의 기록으로 확장하는 것도 현실적이고 세련된 접근법이 될 수 있다. OEGI는 완성형 매뉴얼이 아니라, 각자의 조직과 현장 분위기에 맞춰 다시 한번 정교하게 다듬고 지속적으로 조정해야만 진짜 의미를 찾을 수 있기 때문이다.

사실 현장 직원 입장에서는 작은 기록 하나도 때로는 큰 짐으로 느껴질 수 있다. 충분히 잘 알고 있다. 기술적 구현과 최적화를 위한 개발 단계가 필요하지만, 가볍게 하루의 마지막을 터치하는 간단한 체크리스트 형태의 모바일 앱이나, 근무 중 아주 짧은 음성 메모를 남길 수 있는 형태로 기술적 지원을 고민해 보자. 본사는 현장에서 수집된 OEGI 데이터를 분석하고 의미 있는 인사이트로 가공하여 현장 직원들에게 피드백하는 역할을 맡아야 한다. '현장 직원이 기록만 하고 끝나는 게 아니라, 그 기록이 실제 내 환경을 바꿔주고 있구나'라는 체감이 있어야만 이 과정이 살아 움직일 수 있다.

실제로 이미 글로벌 기업들도 비슷한 방식의 접근을 다양한 형태로 실험하고 있다. 넷플릭스Netflix는 모든 직원이 서로에게 '지독할 정도로 솔직한Radical Candor' 피드백을 자유롭게 전달하게 하는 조직문화로 알려져 있다. 이 문화를 통해 직원 이직률을 낮추고 개인의 직무 몰입도와 성장 속도를 유의미하게 개선한다고 말한다. 처음에는 다소 불편하고 거북하게 느껴질 수 있지만, 이런 솔직한 피드백이 일상처럼 반복될 때 조직의 감정적 흐름을 투명하게 관리하고 각 개인의 성장을 촉진하는 강력한 도구가 되는 것이 아닐까?

애플의 '마음 상태 기록State of Mind logging'이라는 기능은 앞서도 언급했지만, 사용자 스스로가 매일 자신의 감정을 짧게 기록하도록 유도하고 있다. 솔직히 나 역시 처음 이 기능을 접했을 땐 '이게 무슨 의미가 있지?'라는 의구심이 들었지만, 하루하루의 기록이 쌓이면서 어느 순간 주간, 월간 단위로 내 감정의 흐름과 변화 패턴을 직관적으로 읽을 수 있는 날카로운 자기관리 도구로 자리 잡았다는 걸 알게 됐다.

OEGI 역시 넷플릭스와 애플의 이런 사례에서 얻은 작은 통찰들을 모아, 우리가 처한 현실과 국내 오프라인 서비스 기업의 현실에 맞춰 설계한 방식이다. 결국 현장의 감정을 섬세하게 읽고 기록하고, 그것을 진짜 경험의 변화로 연결하는 것이야말로 오프라인 서비스 현장에서 지금 우리에게 가장 필요한 접근법이 아닐까 싶다.

이 방식이 제대로 자리 잡으면, 현장 직원이 고객의 사소한 요청이나 감정까지 놓치지 않고 즉각적으로 대응할 수 있는 민첩하면서도 세심한 조직이 될 수 있을 것이다. 그 결과 고객은 이전보다 더 섬세하고 진정성 있는 서비스 경험을 하게 되고, '이곳은 나를 진짜 기억하고 있구나'라는 강력한 감정을 느끼게 된다. 결국 고객의 머리에서 잊히지 않고, 다음에도 자연스럽게 발길이 이어지는, 이른바 가치 있는 경험을 할 수 있는 '기억에 남는 장소'로 진화할 수 있다.

다만 이 지표를 어떤 조직의 현장에든 무리하게 적용하려 해선 안 된다. 조직마다 본연의 특성과 현장의 고유한 분위기를 충분히 고려해 세부적으로 조정하고 보완할 필요가 있다. 현장 직원의 실제 경험 없이 책상 위에서 만들어진 평가 방식이 현장에 강제로 적용되는 시대는 이제 끝나야 한다. 직원들이 자발적으로 참여해 자신의 경험을 기록하고, 그 기록이 곧바로 현장으로 흘러들어 변화를 만드는 상향식bottom-up 시스템이야말로, 지금의 오프라인 서비스 기업에서 더는 미룰 수 없는 중요한 과제라고 하겠다. 현실은 아이러니하게도 사람의 감정과 경험이 핵심인 이 업계에서조차 다수가 여전히 하향식top-down의 익숙하고 경직된 방식에 머물러 있지만 말이다.

물론, 새로운 평가 방식의 설계와 도입, 그리고 그것이 현장에 자연스럽게 정착하는 것은 결코 쉽지 않다. 어쩌면 필연적으로 작은 실패와 수정의 반복이 필요할 것이다. 직원 모두가 진심으로 공감할 수 있는 형태로 자리 잡기 위해서는, 현장 직원들이 두려움 없이 이 변화의 흐름 속에 참여할 수 있도록 조직 차원의 지지와 응원하는 문화적 환경을 만드는 것 역시 반드시 함께 이루어져야 한다.

현장 직원이 새로운 OEGI 시스템을 받아들이고 매일의 감정과 경험을 기록하는 어색함을 견디는 동안, 본사의 서비스 외 직무자들은 뭘 해야 할까? 바로 기다림의 기술이 필요하다. 현장에서 보내온 OEGI 데이터를 매주 또는 기업이 정한 주기마다 확인하더라도, 그 즉시 섣부르게 평가하거나 성급한 개선안을 던지지 않아야 한다. 보고를 위한 보고서가 되어버리는 순간, 현장과 본사의 연결은 무너지고 만다. 최소 한 달 이상의 흐름을 충분히 지켜보면서 변화의 맥락을 이해하고, 의미 있는 흐름이 보일 때 비로소 현장에 전달할 피드백을 정리하는 게 맞다. 진정한 변화를 원한다면 말이다.

이렇게 전달하는 피드백조차 현장 직원에게 '점수'로 느껴지면 안 된다. 그들이 피드백을 받고 스스로 납득하며 다음을 기대하게 만드는 감정적 지지의 표현이어야 한다. 본사의 역할은 숫자로 직원들을 줄 세우는 일이 아니다. “왜 이 부분의 성과가 낮아요?”라고 몰아붙이는 게 아니라, ‘우리가 이 부분에서 현장에 더 해줄 수 있는 게 무엇인지 함께 찾아보자’라는 자세로 접근해야 하지 않을까? 그런 기다림과 태도를 견딜 줄 아는 조직이라야, 결국 현장도 본사도 함께 성장할 수 있다.

본사 직원들은 자신에게 익숙한, 빠르게 가공된 숫자나 결과를 기대하며 자꾸만 OEGI의 기록을 열어보거나, 성급하게 개선안을 만들어 현장을 압박하지 않도록 자제해야 한다. 보고서를 위한 보고서, 보여주기 위한 방문이나 업무가 더 이상 용납돼선 안 된다. 조직의 존재감을 현장에 증명하기 위한 목적만으로 새로운 일을 만들어 현장 직원의 시간을 낭비시키는 일은 철저히 경계해야 한다는 뜻이다. 진짜 의미 있는 변화란 현장에서 묵묵히 축적된 작은 감정들이 자연스럽게 흐르며 만들어지는 것이지, 본사가 요구하는 즉각적인 숫자나 겉치레를 위한 퍼포먼스로 만들어질 수 없기 때문이다. 현장이 자신만의 새로운 리듬을 찾고 그것이 조직에 온전히 자리 잡을 때까지, 본사는 불안과 초조함을 내려놓고 현장의 작은 가능성을 진심으로 믿고 기다릴 줄 알아야 한다. 때로는 기다림이 그 어떤 행동보다도 더 강력한 지지이자 응원이다.

물론, 기다린다는 것이 무작정 참는다는 뜻은 아니다. 본사 직원이 현장의 성장을 진심으로 기다리며 지지할 수 있으려면, 본사에 소속된 그들에게도 현실적인 구조적 뒷받침이 마련돼야 한다. 예를 들어, 현장의 작고 미세한 성장을 장기적 관점에서 끈기 있게 지원한 본사 직원의 태도가 조직 내 평가 지표에 명확히 반영되거나, 당장의 단기 성과가 아니라 고객과의 지속 가능한 관계를 끈질기게 소신을 지켜 유지해 온 조직적 문화가 인정받고 보상받는 구조가 반드시 필요하다. 현장을 향해 "왜 빨리 결과를 보여주지 않느냐"고 재촉하는 대신, '우리도 당신의 속도를 존중하며 함께 기다릴 준비가 되어 있다'는 태도를 가진 본사 직원이 인정받으며 존재할 때만 비로소 그 오프라인 서비스 기업 전체의 진짜 성장과 고객 경험의 실질적 개선이 가능할 것이라고 확신한다.

어쩌면 이 과정은 요즘 내 주변에서도 유독 자주 보인다. 테니스를 시작했다가 얼마 지나지 않아 라켓을 내려놓는 사람들과 닮았다. 초반의 열정과 멋진 모습을 꿈꾸며 뛰어들지만, 현실은 연이은 헛스윙과 공이 네트를 넘지 못하는 어색한 순간의 반복이다. 결국 조금만 더 견디면 곧 자신만의 리듬을 찾을 수 있음에도, 성급히 포기하고 코트를 떠나는 사람이 부쩍 많아졌다. 현장과 본사 역시 처음엔 서로의 속도를 맞추지 못해 숱하게 공을 놓치고 불편한 순간이 찾아올 것이다. 그러나 그 어색함과 불편함을 견뎌내고 몇 번이고 다시 공을 주고받는 노력을 해야만, 결국 서로의 리듬을 찾아 긴 랠리를 이어갈 수 있다. 결국 조직도, 테니스도, 중요한 건 얼마나 완벽하게 시작했느냐가 아니라 얼마나 성급히 포기하지 않고 꾸준히 반복하며 서로의 타이밍을 맞추는가에 달려 있지 않을까?

이렇게 완성된 균형 위에서 진짜 고객 경험이 시작된다는 것을 이 업계라면 생각해야 한다. 진심 어린 고객 경험이 만들어진다면, 결국 우리가 그토록 원하는 지속 가능한 매출이라는 결과는 자연스럽게 따라오게 되어 있다. 이렇게 조직 전체가 만들어낸 미세한 변화들이 어느 순간 강력한 맥박으로 축적되고, 지금은 심정지된 것처럼 차갑고 버겁기만 한 오프라인 서비스 현장에 다시 선명하고 뜨거운 바이탈 사인을 되찾아줄 것이다.

13장

경험소비라는 개념의 허상: 고객은 경험을 말하지 않았다

단도직입적으로 말하자면, 지금 당신이 알고 있는 고객 '경험'이라는 개념 자체가 잘못됐다. 이 업계는 모두가 약속이라도 한 듯 '경험 소비' '가치 소비'라는 단어를 맹신적으로 외치고 있다. 하지만 나는 진지하게 한번 되묻고 싶다.

"정말 고객이 경험을 원한다고, 그럼 정확히 누가 말한 건가?"

고객의 실제 목소리는 제대로 듣지도 않으면서, 단지 트렌드라는 이름 아래 우리가 편의적으로 해석한 건 아닌지 깊게 생각해 봐야 한다. 지금 당장 "요즘은 경험소비 시대니까, 고객의 오프라인 공간 여정에서 감정을 설계해야 합니다"라고 자신 있게 말하는 업계 종사자 누군가에게 이렇게 질문해 보자.

"도대체 '경험소비'라는 게 구체적으로 무슨 의미죠? 그리고 감정 설계라는 건 구체적으로 어떻게 하는 겁니까?"

과연 설득력 있는 대답을 명쾌히 제시할 수 있을까? 직접 체득하거나 현장을 경험하지 않고, 혹은 본인만의 시선으로 해석하는 노력도 없이 그저 한 줄짜리 뉴스와 트렌디한 키워드만 소비하는 사람들의 말을 내가 특히나 경계하는 이유다.

모두가 의심 없이 경험소비를 떠들어대고 있을 때, 정작 우리의 고객은 단 한 번도 '경험'을 원한다고 말한 적이 없을지 모른다. 이는 마치 요즘의 모든 브랜드가 경쟁적으로 '프리미엄'이라는 단어를 아무 생각 없이 반복하는 현상과 크게 다르지 않다. 진정한 브랜드 철학이나 고객서비스에 대한 명확한 소신 하나 없이, 그저 겉모습만 그럴듯해 보이려는 공허한 외침 말이다.

지금 당신이 몸담고 있는 오프라인 서비스 기업의 누군가에게 이렇게 물어보자.

"우리 브랜드의 프리미엄 서비스란, 정확히 무엇입니까?"

이 질문에 흔들림 없이 명확한 고객 중심의 서비스 철학을 답할 수 있는 사람이 과연 몇이나 될지 궁금해진다. 그저 '프리미엄'이라는 단어만을 입에 올리다 정작 브랜드의 본질을 잃고 시장에서 서서히 퇴장한 기업들을 떠올려보라. 굳이 이름을 하나하나 언급하지 않더라도, 독자의 머릿속엔 이미 그런 브랜드가 하나쯤 선명히 떠오를 것이다.

현실은 이렇다. 고급스러워 보이기 위해 지나치게 화려하게 꾸며진 공간, 설명을 들어도 쉽사리 이해되지 않는 모호한 언어로 가득찬 광고 영상과 이미지들, 철저히 고객의 관점이 아닌 만드는 사람들의 자기만족과 미학만으로 완성된 결과물들. 이렇게 급히 포장된 모습만 내세우는 데 급급하다. 프리미엄이라는 화려한 환상 뒤에서, 브랜드의 철학과 본질을 잃은 서비스는 결국 공허한 민낯만 드러낼 뿐이다(Kapferer & Bastien, 2012).

나는 관행적으로 기존 자료를 그대로 활용하거나, 이미 잘 닦인 길을 걷는 쉬운 선택을 하지 않는다. 항상 현장 문제의 본질을 경쟁사나 타인의 시선이 아닌, 철저히 나만의 시선으로 바라보려 노력했고, 조금이라도 더 나은 방향으로 나아가기 위한 독창적인 교육을 설계해 왔다. 솔직히 나는 조직이 선호하는 인재와는 거리가 멀다. 스스로도 너무나 잘 안다. 지금껏 국내의 모든 직장에서 가장 늦게 출근하고 가장 빨리 나서는 사람이었고, 팀워크나 조직 내 정치에서만큼은 낮은 평가를 받아왔다. 하지만 적어도 내가 해야 하는 일 앞에서는 단 한 번도 쉬운 길을 택한 적이 없다.

그 일이 객실 승무원이었든, 브랜드 교육 담당자였든, 연구원이었든, 그리고 지금 몸담은 리테일 업계의 전문가이든, 나는 언제나 현장의 문제를 나만의 시선으로 세밀히 들여다보려 노력했다. 눈에 보이는 현상보다는 그 본질에 집중했고, 그렇게 찾은 본질을 기반으로 현장과 직원에게 꼭 필요한 교육을 설계하고 준비해 왔다.

물론 교육에는 늘 저항이 따른다. 필요를 느끼지 못하는 사람에게 '교육'이란 그저 강요로밖에 들리지 않기 때문이다. 하지만 나는 몇 개월이고 끊임없이 현장의 문제를 스스로에게 제기하고, 그 본질을 찾기 위해 치열하게 고민한다. 그리고 이를 해결할 수 있는 나만의 이론적 프레임을 만들어낸다. 그런 다음 해외의 선진 사례, 나의 경험, 그리고 시대의 흐름을 조화시켜 이전에는 존재하지 않았던, 오직 나만이 만들 수 있는 독창적인 교육 콘텐츠를 개발한다. 그 결과가 어떻든 나는 이 과정 자체를 중시한다. 그 모든 과정은 현장 직원의 손끝에서 완성되는 고객 경험의 '감정의 흐름'을 제대로 만들어내기 위함이다.

지난 15년간 나는 늘 이런 방식으로 일해 왔다. 맞고 틀림을 감히 누가 평가할 수 있을까? 이미 나는 그 수많은 저항을 온몸으로 견디며 지금의 나를 단단하게 만들어왔다. 내가 가진 위치나 연봉만 좇았다면 더 많은 돈을 벌었을지도 모른다. 하지만 나는 철저히 나답게 살아왔고, 오직 본질을 찾고 그에 집중하는 일을 선택했기에 돈으로 환산할 수 없는 무형의 자산을 두둑하게 쌓았다. 앞으로도 어디서든 나는 이렇게 살지 않을까? 물론 단정 짓지는 않는다. 언제나 새로운 변화에 나만의 방식으로 적응할 자신이 있기 때문이다. 덕분에 나는 남들이 쉽게 경험할 수 없는 다양한 '오프라인 서비스 현장'에서 특별한 경험을 쌓을 수 있었고, 앞으로 더 거침없이 영역을 넓혀갈 것이다. 전 세계에 존재하는 무수한 '고객서비스 현장'이 내게 또 어떤 영감을 줄지 벌써부터 설렌다.

바로 이것이 내가 한곳에 정착하지 않고, 동양과 서양 모두에서 공부하고, 학계와 업계를, 현장과 본사를 넘나들며 끊임없이 새로운 변화를 찾아 떠날 수밖에 없는 가장 강력한 이유다.

지금 우리는 단 하나의 전문성만으로 버티기엔 지나치게 변화무쌍하고 빠르게 진화하는 시대 속에 서 있다. 오늘의 오프라인 서비스와 고객 감정의 흐름은 어제와 다르고, 내일은 더 예측하기 어려운 방향으로 흘러갈 것이다. 우리는 절대로 고객에 대해 모든 걸 알 수 없다. 흥미롭게도, 내가 보기에 잘하는 기업일수록 고객에 대한 '정답'을 단언하지 않는다. 반대로 못 하는 기업일수록 유독 고객을 다 안다는 듯 자신 있게 '정답'을 외친다.

"고객의 감정과 경험은 끊임없이 움직이고 변화한다. 정답을 안다고 믿는 순간, 오히려 그 고객을 가장 모르고 있는 게 아닐까?"

이 급격한 변화 속에서 업계에 요구되는 인재는 하나의 분야에만 능통한 '스페셜리스트'가 아니라, 변화의 흐름을 예민하게 읽고 민첩하게 대응할 줄 아는 '플렉서블리스트'라고 생각한다. 지금 시장이 필요로 하는 사람은 서로 다른 산업과 문화를 자유롭게 넘나들며 다양한 경험과 시각을 유연하게 흡수하고 융합할 수 있는 사람이다. 수많은 공간과 고객, 다양한 업종을 거치면서 부딪히고 깨지며 얻은 적응력과 유연한 시선이야말로 지금 이 시대가 원하는 가장 강력한 무기라고 하겠다.

하나의 기준만으로 세상을 바라보는 사람에게 지금의 시장은 너무나 버겁다. 서로 다른 경험이 자연스럽게 녹아 있는 감각을 가진 사람만이, 고객조차 스스로 설명하지 못하는 새로운 욕구와 변화의 흐름을 읽어낼 수 있다.

그래서 지금이야말로, 나처럼 수많은 오프라인 서비스 공간과 다양한 고객을 마주하며 끊임없이 고민하고 두려움 없이 변화에 뛰어든 사람의 가치가 그 어느 때보다 중요해진 시대라고 하겠다. 지난 15년간 끊임없이 나 자신에게 던졌던 확신이 지금의 시대 흐름 속에서 명확히 증명되고 있다고 믿는다.

이것이 내가 지금도 강의라는 방식으로 현장을 마주하는 이유다. 결국 진짜 변화를 만드는 건 거대한 전략이나 시스템이 아니라, 현장을 구성하는 단 한 사람의 마음에서 일어나는 아주 작은 움직임이라고 믿기 때문이다. 아무리 플렉서블한 감각과 다양한 경험을 가졌다고 해도, 그것을 제대로 전달하지 못하면 아무 의미가 없다. 나만의 확신과 고민을 나 혼자만의 것으로 끝내지 않고, 단 한 명이라도 공감하며 작은 변화를 시도할 수 있도록 돕는 데서 내 역할의 진짜 의미를 찾는다.

1시간의 강의 중 단 몇 초라도 내 이야기가 누군가의 마음속 어딘가 아주 얕게라도 스며드는 순간을 만들어냈다면, 그 작은 점이 선이 되고 면이 되어 결국 변화로 이어질 거라는 믿음으로 일한다. 하지만 때론 나 역시 고민이 깊어진다. 이렇게 온몸으로 저항을 받으면서까지 내 소신과 방식을 지켜가는 게 맞는지 그 정답을 나조차 확신할 수 없기 때문이다. 결국 심정지가 다시 바이탈 사인으로 바뀌는 전환점 앞에서 나는 내가 맡은 역할에 최선을 다할 뿐이다. 사람도 시장도, 오랜 시간 굳어지고 고착된 무언가가 변한다는 건 결코 쉬운 일이 아니기 때문이다.

지금 이 자리는 마지막 장이라는 부담감 때문인지 할 말이 많아졌다. 다시 본론으로 돌아가자면, 오프라인 서비스 업계에서 맹목적으로 외치는 '경험소비' '가치 소비' '감정 설계' 같은 화려한 단어들은 사실 고객에게 피로감으로 돌아올 수 있음을 이야기하고자 했다. 고객의 성향과 니즈를 제대로 고려하지 않은 채, 일률적이고 강압적으로 기획된 '경험 설계'는 그 부작용을 반드시 짚고 넘어가야만 한다.

누군가는 그저 조용히 '쇼핑'만 하고 싶을 뿐인데, 브랜드가 '몰입적인 경험'을 과하게 설계하면서 오히려 공간이 피곤해지고, 나는 빨리 그곳을 벗어나고 싶어진 경우도 분명 존재한다. 브랜드가 주장하는 '차별화된 경험'은 실제 고객 눈에는 이미 어디서 본 듯한 익숙한 구성일 수도 있다. 결과적으로 고객은 '물건만 사고 얼른 나가고 싶다'는 마음이 들게 될 수도 있다.

점포 이름을 직접 언급할 수는 없지만, 국내의 한 유명 백화점 점포를 예로 들고 싶다. 이곳의 입구는 방문할 때마다 업계 관계자인 나조차 큰 불편함을 느끼게 한다. 들어서자마자 강제로 고객의 동선을 방해하는 과도하게 화려한 팝업 존, 눈이 어지러울 정도로 시선을 끌어당기는 커다란 설치물, 정신없이 제품 정보를 한 장짜리 종이로 급히 숙지한 채 어색한 미소로 말을 거는 에이전시 모델과 단기 아르바이트 인력들까지. 그 모든 것이 오직 '매출 극대화'라는 목표 아래, 계산된 위치에 치밀하게 배치되어 있다. 고객은 자연스럽게 쇼핑을 시작하기도 전에 이미 '경험'을 강요당하는 것이다. 나 역시 일부러라도 불편한 동선을 선택해 돌아갈 만큼, 이런 의도적이고 강압적인 구성은 늘 피하고 싶은 경험일 뿐이다.

이건 백화점만의 이야기가 아니다. 팝업스토어라는 개념조차 'SNS 사진 찍기 좋은 공간' 정도로 전락한 요즘, 브랜드가 캐릭터와 이미지 장치에만 몰입한 공간 설계들은 자연스러운 교감이나 섬세한 배려와는 거리가 멀다. 그런 곳은 결국 고객의 '감정적 자기결정권'을 자극하지 못하고, 기계적 소비만 남긴다.

브랜드는 "우리는 경험소비 시대입니다"라는 듣기 좋은 구호 뒤에 숨지만, 사실은 치열한 KPI 실적을 맞추기 위한 전략일 뿐이다. 어쩌면 솔직하게 "우리 목적은 매출입니다"라고 인정하거나, '무료샘플하우스'처럼 직관적인 이름을 쓰는 것이 더 세련되고 쿨해질 수도 있는 시대가 아닐까?

지금 우리는 고객과 시장을 읽어내기가 점점 더 어려워지고 있다. 그럴듯한 경험이라도 결국 본질에서 멀어지면, 고객은 공간이 아닌 돈만 기억할 뿐이다. 만족도 조사 링크가 와도 최저점을 찍거나 그저 그런 인상 없이 보통을 누르게 되는 대체 가능한 그런 공간 말이다.

결국 고객이 진짜로 원하는 것은 강요된 경험이나 브랜드가 강요하는 스토리가 아니라, 공간과 감정의 '자율성'과 '존중'이다. 사람은 항상 선택할 권리가 있다는 것을 느끼는 순간, 그곳은 단순히 쇼핑이 아니라 의미 있는 경험이 된다.

업무 목적이 아니라, 온전히 내 시간과 내 지갑으로 나 자신을 위해 쇼핑할 때조차 나는 이런 공간을 피하게 된다. 결국 가장 오랫동안 기억에 남는 건 이런 불편한 경험뿐이다. 나에게 만족도 조사 링크가 온다면 당연히 최하점을 줄 것이다. 하지만 아이러니하게도 이 업계는 그런 불만족을 보면서도 '경험소비를 제대로 설계하지 못했다'고만 해석할지도 모른다.

결국 고객의 경험을 진정으로 의미 있게 만드는 것은, 철저히 고객의 자율성이 보장되고 다양한 고객의 성향과 욕구가 존중받는 공간이다. 그런 자율성 속에서도 브랜드의 철학과 감성이 분명하고 소신 있게 표현될 때, 비로소 고객은 그 공간에서의 경험을 특별하게 기억하고, 진정한 의미의 '경험소비' 가치를 인정하게 될 것이다.

어쩌면 고객이 정말로 원하는 것은 부자연스럽게 강요된 경험이나 브랜드의 자기만족적 스토리, 설명 없이는 이해하기 어려운 복잡한 '경험소비'가 아니라, 오프라인 공간에서 자신만의 방식을 선택할 수 있는 '자기결정권'일지 모른다. 지금은 그 어느 때보다 감정적 자기돌봄이 필요한 시기이기도 하다. 타인에게 쉽게 상처받고 관계에 지치면서도, 동시에 관계에 목말라하는 복잡하고 미묘한 시대다. 그렇다면 우리가 설계한 공간은 고객의 감정적 자기돌봄에 과연 어떤 역할을 하고 있는지 다시 한번 돌아볼 필요가 있다.

아무에게나 허락되지 않는 오데마피게의 프라이빗한 AP HOUSE, 공간의 존재만으로 설렘과 긴장감이 동시에 느껴지는 아만Aman 호텔처럼, 고객은 자신만의 방식으로 경험할 자유를 원한다. 서비스 공간이 제공해야 할 것은 일방적인 '강요된 경험'이 아니라, 고객의 '감정적 자기결정권'이어야만 한다. 고객이 공간의 진정한 가치를 스스로 느끼고 체험할 때 비로소 지속 가능한 매출이 가능해진다. 이는 단순히 내일이나 다음 달을 채우는 일시적 매출이 아닌, 장기적이고 지속 가능한 성장의 밑바탕이 된다.

바로 이 지점에서 다시 한번 현실을 마주하게 된다. 우리가 고객의 경험을 설계한다고 말할 때, 과연 고객이 진정으로 원하는 것이 우리의 설계였을까? 혹시 우리가 말하는 '경험소비'는 고객의 진짜 욕구가 아니라, 우리가 고객에게 원하기를 바라는 모습은 아니었을지.

결국 우리가 놓친 핵심은 '고객 경험'을 넘어선 '존중'의 영역인지도 모른다. 아니, 확실히 말해 그렇다. 우리가 진정 놓친 것은 바로 '존중'이다. 오프라인 서비스 공간을 채우는 고객과 현장 직원까지, 경험은 쉽게 설계하고 강요할 수 있어도 존중은 그럴 수 없다. 존중은 고객의 선택을 강요하지 않고, 고객이 원하는 그대로 두는 섬세한 배려와 정중함에서 출발하는 것이 아닐까?

지금까지 책 전반에 걸쳐 고객 경험을 설계한다는 것은 결국 고객의 감정을 설계하는 일이며, 이를 위한 구조적 혁신과 제도적 변화가 절실히 필요하다고 강조해 왔다. 물론 그 필요성은 지금 이 순간에도 유효하고 앞으로도 변함없을 것이다.

다만, 여기서 우리가 다시 한번 절대 놓쳐서는 안 될 지점이 있다. 어떤 구조적 혁신도, 아무리 세련된 서비스 설계도 결국 그것을 실행하는 사람의 손끝에서 마침표가 찍힌다는 사실이다. 그리고 그 손끝에서 완성되는 최종적 감정의 마침표는, 언제나 '정중함'이라는 섬세한 태도로 표현된다.

얼마 전, 48년 동안 호텔 현장에서 고객을 맞이하며 한결같은 인사를 반복해 온 베테랑 권문현 지배인이자 작가를 인터뷰한 적이 있다. 그 시간에 나눈 대화에서 나는 깊고 단단한 통찰을 얻었다. 그는 이렇게 말했다.

"나는 언제나 내가 손해 본다는 각오로 고객과 동료를 대합니다. 고객을 위해 한 걸음 뒤로 물러서고, 부서가 어디든 하나의 목표를 가진 동료를 위해 나를 조금씩 양보하는 것. 그렇게 하면 결국 그 마음은 반드시 나에게 돌아오게 되어 있습니다."

부디 이 말이 단지 이 시대의 호구가 되는 지름길로 들리지 않기를 바란다. 이 지혜로운 태도야말로 진정한 서비스의 본질이자, 내가 그토록 강조했던 구조적 혁신과 감정 설계의 완성이라고 믿는다. 아무리 정교하게 구조를 설계했다 해도, 그 안에서 부서가 다른 직원 간에, 또 직원이 고객을 향해 정중히 한 발짝 물러서는 법을 모른다면 결국 모든 것은 허상일 뿐이다.

고객서비스라는 세계에서 십여 년을 보내며 나 역시 매일의 방향성을 끊임없이 자문하며 여기까지 왔다. 그런 나에게 이분과 마주앉아 이야기를 나눌 수 있었던 것은 희미하지만 분명한 행운이었다. 몇 번의 대화로 48년이란 긴 시간을 모두 이해했다고 감히 말할 순 없겠지만, 적어도 이분이 조직 내 인정이라는 허상을 얻기 위해 서비스의 본질을 결코 흩트리지 않았다는 것만큼은 선명하게 알 수 있었다. 앞으로 내 커리어와 삶의 여정 위에서, 내가 어떤 사람이어야 하고 또 어떤 마음가짐으로 이 길 위에 서 있어야 하는지, 말로 다 전하기 어려운 선명한 이정표를 손에 쥔 기분이었다. 무수한 관계와 시간의 흐름 속에서 어느새 무뎌지고 복잡해진 내 내면에 간만에 깊은 울림을 준 사람, 성인이 된 후 진심 어린 존경심으로 나를 멈춰 서게 한, 손에 꼽을 만큼 귀한 만남이었다. 그리고 바로 그 만남을 통해 다시금 선명히 깨닫게 된 것이 있다면, 아무리 세련된 서비스 경험을 설계해도 그 안에 '존중'이라는 가장 기본적이고도 깊은 태도가 빠져 있다면 고객이 느끼는 가치는 절대 오래 가지 못한다는 사실이다.

우리가 그토록 외쳐온 '지속 가능한 매출'이란, 화려한 경험 설계나 구조적 혁신만으로 가능한 것이 아니라는 얘기다. 현장 직원에게 "학력을 돌아보라"거나, "교육하겠다"는 말들로 그들의 역할을 깎아내리거나, 보여주기에 급급한 자극적인 서비스 설계로 얻어낼 수 있는 것도 아니다. 오히려 고객이 공간과 직원으로부터 무의식적으로 느끼는 섬세하고 정중한 존중, 바로 거기서부터 비로소 시작된다.

이 책 전반을 통해 내가 줄기차게 주장했던 구조적 혁신과 감정 설계라는 화두는, 결국 이 가장 기본적이고 인간적인 태도와 연결될 때에만 진정한 의미를 가진다.

서비스의 미래는 결국 '고객 경험'을 넘어 '현장과 본사' '고객과 직원 간의 존중'으로까지 이어져야 한다. 이는 내가 온몸으로 체득한 오프라인 서비스 현장의 현실이자, 48년간 한자리에서 고객을 응대한 호텔 베테랑의 흔들림 없는 경험이 전하는 변하지 않는 진리다.

이제 정말 수많은 질문을 던지며 이어온 마지막 장까지 와 있는 이 순간, 우리의 질문은 단 하나로 좁혀졌다.

"우리가 그토록 치열하게 고민해 온 구조적 혁신과 서비스 설계는, 과연 고객과 현장의 직원을 얼마나 더 진심으로 이해하고 존중하는 방향으로 이루어졌는가?"

우리는 고객이 원하지 않는 경험을 강요하는 대신, 고객 스스로 선택할 수 있는 자유를 얼마나 섬세하고 정중하게 존중하고 있는가? 그리고 그 자유로운 선택이 온전히 실현될 수 있도록, 진심어린 태도로 공간을 설계하고 있는가? 고객을 향한 우리의 존중이,

현장에서 일하는 직원에게도 똑같이 닿고 있는가?

바로 이 질문의 답이 멈춰버린 서비스의 심장을 다시 뛰게 만들 것이다. 이제 우리는 고객 경험의 설계를 넘어, 고객과 직원을 향한 존중의 설계를 시작해야 할 순간이다.

그 어떤 조직 내부의 인정 욕구로도 더럽혀지지 않고, 외부의 시선과 평가로부터도 완벽히 자유로워진, 순수하게 고객만을 위한 정중한 배려와 섬세한 의도로 완성된 오프라인 서비스 공간은 결코 스스로를 시끄럽게 드러내지 않는다. 정말로 품격 있는 공간은 애써 화려함을 과시하거나 불필요한 장식으로 무겁게 덧대지 않는다. 공간을 채우는 인적서비스를 위한 직원들 역시 마찬가지다. 진짜 미소가 자연스럽게 자리 잡은 공간은 말없이도 충분히 조용하지만 단단하게 채워져 있다. 고객이 스스로 그 공간을 읽고, 느끼고, 자신만의 감정으로 해석할 수 있도록 그저 정중하고, 섬세하며, 그러나 그 어떤 곳보다 더 치밀하게 다듬어져 있을 뿐이다.

오프라인 서비스의 본질은 화려한 기술도, 복잡한 이론도 아니다. 결국 고객과 직원을 향한 가장 인간적인 태도, 즉 '정중한 존중'에 있다.

이 책의 처음부터 끝까지, 내가 끊임없이 문장을 던지고 질문을 거듭하며 놓지 않고 붙잡으려 했던 단 하나의 진심도, 바로 여기에 있다.

Epilogue

어쩌면 내일, 풀리아(Puglia)에서

사실 사회적으로 이력서에 찍혀 인정받는 공식적인 경력이 아니라, 내가 스스로 생각하는 고객서비스 커리어의 진짜 시작은 열다섯 살의 러시아 모스크바에서였다. 여전히 오른손 사용을 미덕처럼 여겼던 시절, 여섯 살 무렵 왼손 사용을 끝까지 고집하던 나에게 오른손의 힘을 길러보겠다는 어머니의 의지로 시작한 피아노 학원 덕분에 클래식에 눈을 떴고, 결국 국내의 숱한 예고를 뒤로한 채 러시아 모스크바로 향했다.

솔직히 그 나이에 한국이라는 좁은 사회에서 얼마나 많은 세상을 보았겠나 싶다. 유럽식 건축물이 즐비한 모스크바 도심의 황홀한 풍경에 정신을 차릴 수 없던 몇 년의 시간이 흘렀다. 문제의 발

단은 학교와 기숙사의 위치였다. 수백 년 역사를 지닌 세계적인 학교에 다닐 만큼 운이 좋았지만, 하필이면 학교와 기숙사가 서울로 치면 명품 플래그십스토어가 밀집한 청담동 한복판 같은 곳에 자리 잡고 있었다.

기숙사 문을 열면 정면으로 루이비통의 모노그램 로고가 반짝였고, 아르마니와 샤넬을 지나면 곧장 학교로 향하는 길이 나왔지만, 왼편으로 고개를 돌리면 늘 나를 유혹하는 국영백화점 춤(TSUM)이 있었다. 당시 한국엔 본격적으로 알려지기 전인 DSQUARED² 매장을 사지도 않으면서 수없이 드나들었고, 디올 옴므 매장에서 얻어온 룩북 속 뼈대만 남은 앙상한 남자 모델의 핏에 자극받아 무리한 다이어트 끝에 결국 프라다 아울렛에서 산 슬림핏 진을 입고 다녔다. 아르마니의 부드러운 카프스킨 토트백과 프라다 진을 사기 위해선, 고향에서 매달 보내주시는 생활비를 아껴가며 며칠씩 점심만 먹는 일도 흔했다. 그때 내 나이는 겨우 열일곱 즈음이었다.

그 누구도 무엇이 유행이고, 어떤 트렌드가 있는지 알려주지 않았다. 인터넷조차 자유롭지 않던 모스크바에서 나는 오로지 발로 뛰며 명품 매장을 드나들었고, 매장에 배치된 룩북과 악보를 사러 간 서점에선 패션 매거진을 탐독했다. 그야말로 매장 직원과 주고받은 생생한 대화를 통해 스스로 시장의 흐름을 읽었다. 아마도 그때였을 것이다. 내 삶에 오프라인 서비스 공간의 서비스가 무엇인지 처음으로 느꼈고, 매일 공간에 발을 들이는 고객에게 인적, 물리적 서비스가 얼마나 중요한 역할을 하는지 몸소 체감했던 순간들이. 아마도 그 시절의 감각이 지금까지 나를 고객서비스라는 커리어로 이끈 원인인지도 모른다.

당시 방학 때 잠시 한국에 들어왔다가 혼자 다시 러시아로 돌아갈 때면, '공항에 내려서 혼자 어떻게 택시를 타지?'라는 두려움에 귀국 며칠 전부터 밤잠을 설쳤지만, 가족에겐 그런 내색조차 하지 못했다. 그렇게 어린 나이의 타지 생활은 외로움과 두려움의 연속이었고, 몇 년이 흐른 어느 날 결국 큰 사고를 당했다. 죽었어도 전혀 이상하지 않았던 그 사고는 마치 허리까지 쌓인 하얀 눈이 붉은 피로 물들었던 그 순간의 장면처럼 지금까지 선명하게 남아 있다. 수십 년을 함께해 온 피아노와의 기억도, 그 충격 앞에서 샅샅이 흩어져 어딘가로 희석되어 버렸다.

그렇다면 사회적으로 인정받는 소위 '경력'이라 부를 수 있는 시작은 어디였을까? 그 시작은 한 미국 뷰티 브랜드였다. 당시 직원 대상 교육과 VIP 고객 클래스 진행 업무를 맡았었다. 지금 돌아보면 내가 누구를, 무엇을 가르쳤는지 스스로 의심이 들 만큼 어리숙했지만, 한 가지 확신할 수 있는 건 누구보다도 그 브랜드에 깊이 몰입했다는 사실이다. 내가 좋아하고 신뢰할 수 있는 브랜드였기에 직원과 고객 앞에서 진심을 담아 말할 수 있었다.

하지만 돌이켜보면, 그렇게 몰입하는 나만의 특성이 어쩌면 커리어를 만들어가는 데는 불리했을지도 모른다. 내가 속한 기업이나 브랜드가 본질을 잃고 신뢰할 수 없다고 판단되면, 나는 언제나 미련 없이 자리를 박차고 일어났다. 어디까지나 내 기준에서 말이다. 20대의 치기 어린 객기 정도였다면 그 시절로 끝났겠지만, 문제는 지금까지도 그 소신을 버리지 못하고 있다는 것이다. 주어진 역할에 최선을 다하며, 더는 배울 점이 없다고 느껴지면 언제든 가방 하나만 들고 내일 당장이라도 떠날 준비를 한 채 일하고 있다.

내일 어디서 무슨 일을 하게 될지 나조차도 예측할 수 없다. 갑자기 다른 업계로 뛰어들 수도, 혹은 프랑크푸르트에 머무는 나의 멘토 곁으로 홀연히 떠나 한동안 마음 가는 대로 지내다가, 자크뮈스의 화이트 셔츠에 버뮤다 팬츠를 입고 이탈리아 남부 풀리아 지방 어딘가에서 장기간 머무는 상상을 종종, 아니 매일 한다. 비현실적이지만, 일상의 무게를 잠시 내려놓고 완벽히 낯선 곳에서 새로운 감각을 찾아 헤매는 삶을 꿈꾸며 말이다.

그러나 현실은 조성진이 연주하는 라벨의 〈물의 유희〉와 쉬시킨이 들려주는 드뷔시의 〈달빛〉만으로도 이미 프랑스 어느 곳을 여행한 듯 충분히 행복하다. 클래식 음악을 느낄 수 있는 귀를 갖게 해주신 부모님께는 여러모로 감사할 따름이다.

하나의 주제, 그것도 고객서비스라는 단 하나의 영역으로 무려 한 권의 책을 채울 수 있었다는 게 사실 스스로도 놀랍다. 이렇게 정리된 나의 이야기는 여기서 끝이지만, 서비스에 대한 나만의 신념과 투쟁만큼은 끝나지 않았으면 좋겠다. 앞으로 내가 걸어갈 커리어는 나조차 예상할 수 없을 만큼 확신할 수는 없다. 다만, 이력서에 새로운 위치와 이름이 추가될 때마다 더 깊고 넓어진, 오롯이 나로 남을 수 있기를 바라며.

아직은 고객서비스라는 주제가 내 삶의 아주 중요한 조각이지만, 언제나 내 인생이라는 완전한 그림 안에서만 의미가 있다. 이 업계에 머무는 한, 오프라인 서비스의 본질이 무엇인지 늘 기억하고 싶다. 그리고 그 본질을 잊는 순간이 온다면, 망설임 없이 떠날 것이다. 서비스가 내게 의미를 주지 못한다면 더 이상 붙잡을 이유가 없다. 그러니 부디, 여러분 역시 이 업계에서의 여러분 자신보다 중요한 건 없음을 기억하시길. 가장 중요한 건 서비스가 아니라, 바로 나 자신이니 말이다.

심리학자 김경일은 말했다. “거짓말하는 사람은 팩트 체크 한 번에 무너지지만, 진심 없는 헛소리를 하는 사람은 오히려 무너지지 않는다”고. 그에게는 진실조차 의미 없기 때문이다. 가장 설득하기 어려운 사람은 반대 의견을 가진 사람이 아니라, 애초부터 관심조차 없는 사람이라는 말도 덧붙였다.

서비스 기업의 조직도 마찬가지라고 생각한다. 매출과 이윤이 고객서비스의 본질보다 중요하다고 생각하는 사람을 설득하는 일은 여전히 어렵지만, 진짜 어려운 상대는 서비스 자체에 아예 관심도 없는 업계 사람들이다. 사람의 가치를 무시한 채, 공간을 채우는 온도와 마음이 아닌 숫자와 결과만을 바라보는 사람들. 그들의 무관심이야말로 오프라인 서비스 현장에서 가장 단단히 버티고 있는 장벽일 것이다.

허울뿐인 진심이 아닌,

사회성이 부족해 늘 소수의 사람들에게서만 온전한 지지를 받을 수밖에 없는 나를, 변함없이 믿고 지지해 주는 소수의 모두에게 깊은 감사를 전한다.

앞으로도 나는 항상 그래왔듯 오직 나만의 속도로, 묵묵히 그리고 고고하게 나아갈 것이다. 나 자신보다 중요한 건 없으니 말이다.

Works Cited

인용한 자료

1. LVMH, 「2023 Annual Financial Report」, 2023
2. Hermès, 「2023 Annual Financial Results」, 2023
3. 한국철도학회, 「공항철도 역무원의 교대근무제 변경에 따른 직무만족도 비교 연구」, 2017
4. Duong, T., Nguyen, T., 「The Mediating Role of Customer Experience in the Relationship between Employee Satisfaction and Customer Loyalty: Evidence from Traditional Restaurants in Vietnam」, Asia Pacific Journal of Marketing and Logistics, 2025
5. Wegmans Food Markets, Inc., 「Wegmans Named One of the 2023 Fortune 100 Best Companies to Work For」, 2023
6. Lora Pavlova, 「Framing Effects in Consumer Expectations Surveys」, Journal of Economic Behavior & Organization, 2024
7. Harvard Business Review, 「The Power of Positive Surveying」, 2017
8. PwC(PricewaterhouseCoopers), 「Experience is Everything: Here's How To Get It Right」, 2018
9. Bitner, Mary Jo, 「Servicescapes: The Impact of Physical Surroundings on Customers and Employees」, Journal of Marketing, 1992
10. 이민호 등, 「인테리어 쇼룸의 서비스케이프와 고객만족·재이용의도·추천의도에 관한 구조적 영향관계 실증분석」, 2023
11. RingCentral, 「How to improve your customer experience: 6 actionable steps」, RingCentral Blog, 2023

12. Arlie Russell Hochschild, 「감정노동(The Managed Heart)」, 1983
13. Harvard Business Review, 「How Employee Experience Impacts Your Bottom Line」, 2022
14. John Rawls, 「A Theory of Justice」, 1971
15. Mintel, 「Global Consumer Trends 2024」, 2023
16. 최자영·김현아·김용범, 「온라인 리뷰가 매출에 미치는 영향력 분석」, 2020
17. 국제항공운송협회(IATA), 「Air Passenger Market Analysis」, 2021
18. STR, 「Global Hotel Review」, 2021
19. 쿠시먼앤드웨이크필드, 「서울 가두상권 리테일 시장 보고서(Seoul High-Street Retail Market Report Q1)」, 2025
20. 국제항공운송협회(IATA), 「Air Passenger Forecast」, 2024
21. STR, 「Global Hotel Outlook」, 2024
22. McKinsey & Company, 「Why CX leaders use an experience-led growth strategy」, 2023
23. Magids, Zorfas & Leemon, 「The New Science of Customer Emotions」, Harvard Business Review, 2015
24. 중앙일보, 「"일할 맛 나면 돈 덜 받아도 행복" 프리랜서 시급 조사해 보니…」, 2024.6.18
25. Forbes, 「The Legendary $2,000 Rule At Ritz-Carlton — And Why It Works」, 2023
26. Business Insider, 「Frontier Airlines faces backlash over cost-cutting measures impacting customer service」, 2023
27. 중앙일보, 「대한항공, 바카라·베르나르도 등 세계적 테이블웨어 도입 … 고객 경험 혁신」, 2025.5.30
28. 중앙일보, 「읽는 것, 새로운 럭셔리」, 2025.6.19
29. Harvard Business School, 「Starbucks Coffee Company: Transformation and Renewal(Case 314-068)」, 2014
30. South China Morning Post, 「Alibaba says New Retail is paying off as

Hema shopper data shows bigger average spending」, 2018

31. 동아비즈니스리뷰(DBR), 「신선 식품 클릭하면 30분 내 배달!, 온·오프라인 리테일의 완벽한 결합」, 2020

32. Great Place To Work, 「Wegmans Food Markets, Inc.: Company Overview」, 2023

33. 박일순, 「뷰티업 종사자의 표면행위 및 심층행위가 직무만족과 서비스 품질에 미치는 영향」, 2025

34. McKinsey & Company, 「The missing productivity ingredient: Investment in frontline talent」, 2025

35. McKinsey & Company, 「How retailers can build and retain a strong frontline workforce in 2024」, 2024

36. Bernard Marr, 「The 10 Most Important Customer Experience (CX) Trends In 2024」, Forbes, 2023

37. Deloitte, 「2024 Global Human Capital Trends」, 2024

38. Starbucks, 「Global Environmental & Social Impact Report 2023」, 2023

39. Fast Retailing, 「2024 Integrated Report(Sustainability Section)」, 2024

40. Walmart, 「2023 ESG Report」, 2023

41. Bernard Marr, 『Big Data in Practice』, Wiley, 2016

42. McKinsey & Company, 「The future of personalization — and how to get ready for it」, 2019

43. Plutchik, Robert, 『The Nature of Emotions』, 2001

44. Erin L. Kelly, Phyllis Moen et al.,「First-ever Use of Control Group to Measure Effectiveness of Workplace Flexibility Program Shows Increased Job Satisfaction, Reduced Burnout and Stress」, MIT Sloan Management Review, January 2016

45. Netflix, 「Netflix Culture — Seeking Excellence: Radical Candor & Feedback」, Netflix Jobs, 2023

46. Kapferer & Bastien, 『The Luxury Strategy』, 2012

저자와의
합의하에
인지첩부
생략

오프라인 서비스 심정지

2025년 10월 5일 초판 1쇄 인쇄
2025년 10월 10일 초판 1쇄 발행

지은이 주지환
펴낸이 진성원
펴낸곳 (주)백산출판사
교 정 성인숙
본문디자인 신화정
표지디자인 이성동

등 록 2017년 5월 29일 제406-2017-000058호
주 소 경기도 파주시 회동길 370(백산빌딩 3층)
전 화 02-914-1621(代)
팩 스 031-955-9911
이메일 edit@ibaeksan.kr
홈페이지 www.ibaeksan.kr

ISBN 979-11-7385-078-3 13320
값 18,000원